AF261900

1889

LES

BIBLES PROVENÇALES

ET VAUDOISES

PAR

Samuel BERGER

AVEC UN APPENDICE PAR PAUL MEYER

Extrait de la *Romania*, tome XVIII

PARIS
1889

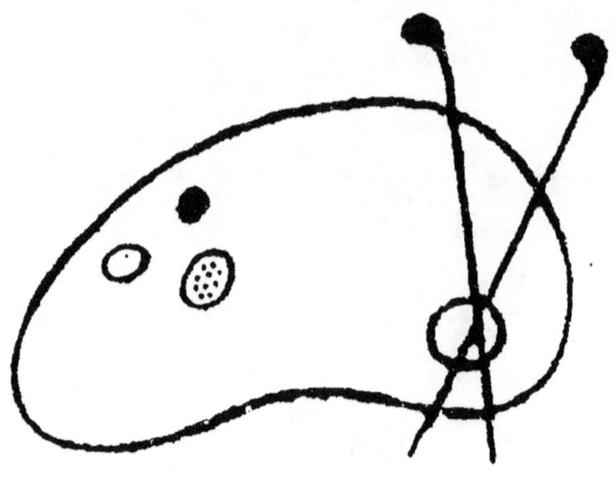

Fin d'une série de documents
en couleur

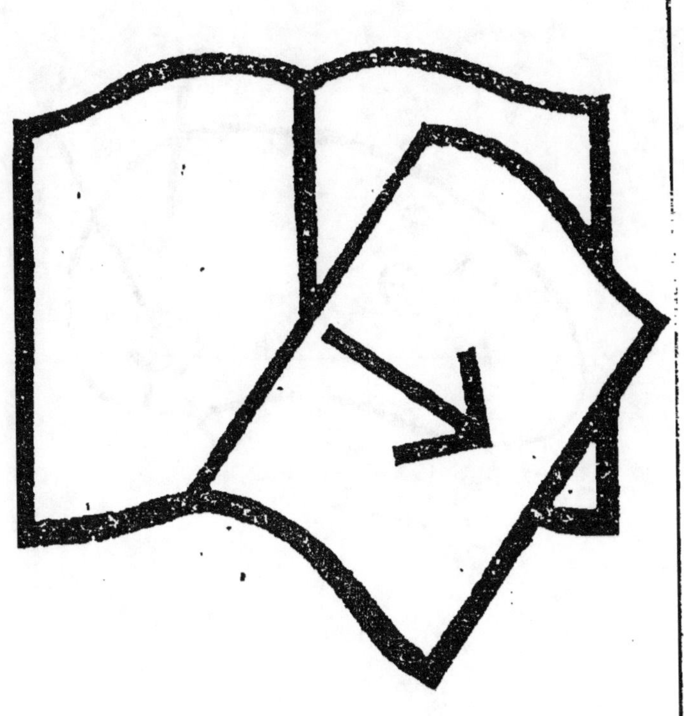

Couverture inférieure manquante

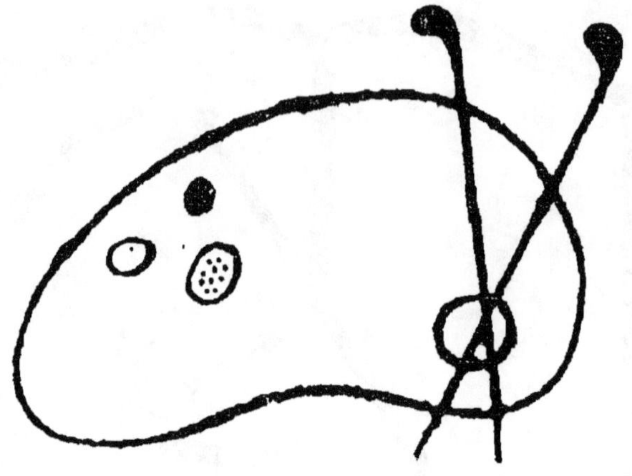

Début d'une série de documents
en couleur

à Monsieur Delisle
hommage de dévouement

Samuel Berger.

LES

BIBLES PROVENÇALES

ET VAUDOISES

LES
BIBLES PROVENÇALES
ET VAUDOISES

PAR

Samuel BERGER

AVEC UN APPENDICE PAR PAUL MEYER

—

Extrait de la *Romania*, tome XVIII

—

PARIS
1889

BIBLES PROVENÇALES ET VAUDOISES

Cette étude est consacrée aux traductions de la Bible en provençal et en dialecte des vallées vaudoises. Ces versions ont déjà été l'objet de bien des travaux, et il serait injuste de ne pas mentionner en commençant les *Fragments relatifs à l'Histoire de la Bible française*, de M. Reuss[1], que nous désirons simplement continuer. Mais tous les manuscrits n'ont pas été, jusqu'à ce moment, étudiés parallèlement et confrontés; le plus ancien même des manuscrits vaudois était presque inconnu jusqu'à présent. De là une grande incertitude dans les résultats obtenus, et, parmi les savants, des jugements contradictoires et allant souvent d'un extrême à l'autre, comme il arrive dans les causes mal informées. J'ai vu tous les manuscrits et je les ai, autant que je l'ai pu, décrits exactement. Je n'ai pas compris dans cette étude certains textes provençaux que rien ne rattache au groupe de nos principaux textes. Tels sont les cinq chapitres de saint Jean, copiés au XIIᵉ siècle, probablement à Limoges[2], le Psautier conservé dans le manuscrit B. N. fr. 2434, du XIVᵉ siècle, et l'Histoire de l'Ancien et du Nouveau Testament commençant par ces mots : « Dis lo libre de Genesi[3]. » Quant aux parties importantes de l'Ancien Testament qui sont conte-

---

1. *Revue de Théologie*, t. V (1852), p. 321 et suiv.; t. VI (1853), p. 65 et suiv.

2. Manuscrit *Harléien* 2928, f⁰ 187 v⁰. Ce texte a été publié, après M. Fr. Michel, par M. C. Hofmann, par M. P. Meyer et par M. Bartsch.

3. Manuscrits de Sainte-Geneviève, A f 4, 4⁰, XIVᵉ siècle, f⁰ 79 et fr. 6261 de la Bibliothèque nationale, XVᵉ siècle (Bartsch, *Chrest. prov.*, 4ᵉ édition, p. 394).

nues dans un manuscrit de Colbert, B. N. fr. 2426, du xve siècle[1], elles pourront, avec plus de profit, être étudiées à part. Je n'aborderai pas, même en passant, la question philologique, d'abord par une prudence bien justifiée, et surtout parce qu'elle sera traitée avec autorité ici-même. De son côté, M. W. Foerster vient de publier sur ce sujet quelques pages remarquables à divers titres[2], et dont je ne doute pas qu'il ne fasse disparaître, s'il les publie à nouveau, quelques conclusions excessives et quelques personnalités peu heureuses. M. Foerster joindra à l'étude qu'il prépare des *facsimile* qui permettront au lecteur de juger des dates que j'ai cru pouvoir attribuer aux divers manuscrits.

I. — DU TEXTE DE LA VULGATE USITÉ EN LANGUEDOC

Les versions de la Bible faites au Moyen Age ont toutes, ou à peu près toutes, le texte latin pour original. Nous ne pouvons donc prendre un plus sûr point de départ pour l'histoire des bibles provençales que l'étude du texte de la Vulgate, tel qu'il était répandu au xiiie siècle dans le midi de la France.

Il serait difficile de définir le texte latin usité dans le Midi. Ce texte a dû varier beaucoup. On peut pourtant déterminer une famille de manuscrits très différents de tous les autres, reconnaissables à certains traits communs et dont la patrie paraît être le Languedoc. Le texte de ces manuscrits est tellement mêlé, qu'il semble parfois représenter autant les anciennes versions que la Vulgate[3]. Le *codex Demidovianus*, dont le Nouveau Testament a été publié dans l'édition de Matthaei (Riga, 1782-1788, 11 volumes), est le plus remarquable de ces manuscrits, et je ne serais pas étonné, quand on pourra étudier ce manuscrit de plus près, que l'on reconnût qu'il a été copié, après le milieu du xiiie siècle, sur la rive droite du Rhône.

---

1. Anc. fonds 8086[3]. Cf. J. Wollenberg, *Archiv f. d. Stud. d. neueren Sprachen*, t. XXVIII, XXX et XXXII.

2. *Göttingische gelehrte Anzeigen*, 1888, p. 753.

3. Parmi ces mss., il faut citer ceux-ci : B. N. lat. 4 (donné à Colbert par le chapitre du Puy; deux volumes, ixe-xe siècle) et 7 (Mazarin; xie-xiie siècle), et Harl. 4772 et 4773 (provenant de Fr. Ranchin, de Montpellier; commencement du xiiie siècle).

A cette famille se rattache un petit groupe de manuscrits qui, dès l'abord, attirent notre attention par un caractère tout extérieur. Ils ne comprennent que le Nouveau Testament, chose presque sans exemple parmi les manuscrits de la Bible et qui doit retenir l'attention de ceux qui étudient les Nouveaux Testaments provençaux[1]. Le mieux daté de ces Nouveaux Testaments, le manuscrit lat. 321 de la Bibliothèque nationale (de Baluze), est écrit au commencement du XIIIe siècle ; sa patrie nous est clairement indiquée par le calendrier qui est en tête et où se lisent les noms de saint Hilaire de Carcassonne et de saint Paul de Narbonne ; deux autres, les manuscrits lat. 342 et 343, sont également du commencement du XIIIe siècle et, à l'écriture, on reconnaît qu'ils ont été copiés dans le Midi, l'un d'eux (lat. 342) sans doute dans la région des Pyrénées. Un quatrième manuscrit (lat. 341), écrit en Italie probablement vers la fin du XIIIe siècle, forme famille avec les trois manuscrits languedociens qui précèdent. Aucun de ces quatre manuscrits n'a la division moderne des chapitres ; tous ont une division à part qui, si j'en prends pour type le manuscrit 342 (le plus remarquable à tous égards), présente un véritable caractère d'ancienneté. Quant au texte, ce n'est pas le moment d'en parler avec détail ; il suffira de dire qu'il représente une recension tout à fait particulière, qu'on ne peut confondre avec aucune autre famille de textes et qu'on peut avec assurance appeler « languedocienne ». C'est pour ainsi dire le rendez-vous de toutes les interpolations. S'il fallait chercher un ancêtre à ce texte méridional, qui ne ressemble à aucun texte connu, nous le retrouverions peut-être dans les manuscrits wisigoths ou copiés en Catalogne ; nous le rencontrerions sans doute en Espagne, dans cette patrie de tous les textes mélangés, à peine séparée du Languedoc par une frontière de montagnes constamment franchie. Je n'ai pas besoin de rappeler que le Roussillon a fait partie de la Catalogne jusqu'au règne de Louis XIV et parle encore catalan aujourd'hui, et que le comté de Carcassonne et celui de Razès, c'est-à-dire de Limoux, n'ont été affranchis qu'au temps de saint Louis de la suzeraineté de la maison d'Aragon.

---

1. Il n'y a, à ma connaissance, à la Bibliothèque nationale, en dehors de ces quatre manuscrits, que deux Nouveaux Testaments latins.

C'est aussi aux environs du règne de saint Louis qu'il se fait un changement, du reste purement extérieur, dans le texte languedocien de la Bible. Nous possédons, en effet, au moins deux manuscrits d'une édition de ce texte qui remonte à la seconde moitié du XIIIe siècle. Ce sont deux bibles complètes, qui ont la division moderne en chapitres, mais qui appartiennent par leur texte, pour le Nouveau Testament, à la famille des quatre manuscrits que nous venons de citer. L'un (lat. 11932, Coislin) est d'une écriture méridionale, languedocienne, semble-t-il, du XIIIe siècle; il appartenait, en 1600, à Jean Crespin, docteur et chanoine de Rodez. L'autre est le manuscrit lat. 16262, écrit au XIIIe siècle en France, mais non à Paris, et légué à la Sorbonne par maître Robert Bernard de Normandie. Je n'en dis pas plus sur ces textes. Nous sommes dès maintenant assez éclairés sur le texte biblique usité en Languedoc au XIIIe siècle pour pouvoir aborder avec profit l'étude des traductions provençales. Ces traductions, en effet, nous pouvons le dire dès à présent, ont été faites, du moins les plus anciennes, sur un texte absolument identique au texte languedocien que nous venons de déterminer.

Les manuscrits que nous avons à étudier sont au nombre de sept, sans parler de quelques fragments. Ils se divisent naturellement en deux classes :

1º Textes provençaux : manuscrits de Lyon et de Paris;

2° Textes vaudois : manuscrits de Carpentras, de Dublin, de Grenoble, de Cambridge et de Zurich.

Avant de passer à l'étude successive de ces différents manuscrits, nous devons faire une remarque qui se rattache encore à l'histoire de la Bible latine. L'ordre des livres de la Bible y diffère tellement que, pour sept manuscrits, nous avons six dispositions différentes :

1. Ms. de Lyon : *Evangiles, Actes, Apocalypse, Epîtres catholiques, saint Paul* (ordre à peu près sans exemple dans les manuscrits latins).

2. Ms. de Paris : *Evangiles, Actes, Epîtres catholiques, saint Paul, Apocalypse* (ordre des manuscrits alcuiniens et des manuscrits méridionaux lat. 7, 342 et 343).

3. Ms. de Carpentras : *Evangiles, Epîtres catholiques, Apocalypse, saint Paul, Actes* (ordre sans exemple dans les latins).

4. Mss. de Dublin et de Cambridge : *Evangiles, saint Paul,*

Actes, Epîtres catholiques et Apocalypse (ordre du plus grand nombre des manuscrits de la Vulgate depuis le milieu du XIIIᵉ siècle, et, parmi les textes méridionaux, du *codex Demidovianus*).

5. Ms. de Grenoble : *Evangiles, saint Paul, Epîtres catholiques, Actes, Apocalypse* (c'est l'ordre du plus grand nombre des manuscrits espagnols de la Vulgate, du manuscrit méridional add. 4773 du Musée britannique et des Nouveaux Testaments allemands de Tepl et de Freiberg).

6. Ms. de Zurich : *Evangiles, Actes, saint Paul, Epîtres catholiques, Apocalypse* (cet ordre est celui du manuscrit méridional 321 comme des célèbres manuscrits *Amiatinus* et *Toletanus* et des éditions d'Erasme).

Au milieu de ce désordre, nous ne trouvons même pas cette ressemblance entre nos manuscrits, que les épîtres de saint Paul y soient disposées partout de même. Dans le ms. de Paris et dans le plus grand nombre des bibles vaudoises, l'ordre en est le même que dans la Vulgate actuelle, excepté l'interversion des deux Epîtres aux Philippiens et aux Colossiens dans le manuscrit de Zürich. Le ms. de Cambridge, qui n'est qu'un abrégé, semble également copié sur un original où l'Épître aux Thessaloniciens suivait immédiatement celle aux Philippiens. Enfin le Nouveau Testament de Lyon nous montre l'ordre suivant : épîtres aux Philippiens, aux Thessaloniciens, aux Colossiens, aux Laodicéens et à Timothée. Cet ordre est celui d'un très petit nombre de manuscrits latins, mais il est très ancien (*codex Fuldensis, book of Armagh*, bible catalane et manuscrit *latin* 343, cité plus haut).

Comme on l'a vu, si le chaos est dans les manuscrits romans, il n'y a pas plus d'ordre dans les bibles latines et, à cet égard, comme à tant d'autres, il faut répéter le mot de saint Jérôme : « *Tot exemplaria quot codices.* »

II. — LE NOUVEAU TESTAMENT DE LYON

Il est d'autant moins nécessaire de décrire le ms. du Palais des Arts, qu'il a été reproduit en phototypie par les soins de M. Clédat. Antérieurement on en possédait une page en héliogravure dans le *Recueil des fac-similés à l'usage de l'Ecole des Chartes*, n° 129. Nous nous bornerons à dire, avec la réserve qu'impose toujours la détermination de l'âge et de la patrie des manuscrits du Midi, qu'il est écrit, d'une écriture probablement languedocienne, à une époque qui n'est peut-être pas éloignée de la fin du XIIIᵉ siècle. Quelques extraits de ce manuscrit seront ici d'autant plus à leur place, qu'il est des plus difficiles à lire, à cause des abréviations dont il est rempli[1].

MATTHIEU, XXI, 1-9.

E co fo apropiatz Jhesu de Jherusalem e venc en Boscage a mont Olivet, ladonx Jhesu trames dos de sos decipols, ²dizentz ad els : Anatz el castel que es encontra vos e viasament atrobaretz l'asena liada e l'polli ab lei. Deliatz los e amenatz los a mi. ³E si alcus vos dira alcuna causa, digatz que al Senhor a'n ops, e viasamentz laissaran los. ⁴Mais tot aiso es fait que sia complit aco que fo dig per lo propheta dize[n]tz : ⁵Digatz a la filla de Sion, vecte lo teus reis ve a tu soaus, sezentz sobre la asena el polli fil de la sotzjoal. ⁶Mais li decipol anantz fero o enaisi co Jhesu lor o comandec e amenero l'asena el polli e pausero sobre lor lors vestimentas e fero lui sezer desus. ⁸Mais mouta cumpanha aparelero lors vestimentas e la via, mais li autri trencavan los rams dels aibres et estendian los e la via. ⁹Mas las companhas que denant anavan e que seguian lui ecridavan dizentz : Lauzor al filh de Davi. Benezectes es aquel qui ve el nom del Senhor. Lauzors e las autezas.

---

1. Je me suis efforcé de résoudre toutes les abréviations en suivant la graphie la plus fréquente dans chaque manuscrit. Ainsi, dans le ms. de Lyon, j'écris *Joans* avec Jean, I, 15. Dans les textes vaudois, j'écris, suivant l'usage, « enayma » le mot qui se lit généralement dans les manuscrits « enayᵃ » et qui peut-être doit se lire « enaysi coma », ainsi qu'on peut voir à *Jean*, I, 14, *Rom.*, I, 21, etc. Comparez Foerster, article cité, p. 798. J'ai suivi l'orthographe des manuscrits pour la lettre qui y est écrite tour à tour ʒ ou ç. Voici quelle est, à cet égard, la pratique suivie dans les divers manuscrits. Celui de Lyon emploie presque toujours le ʒ et celui de Paris toujours. Le ms. de Carpentras écrit toujours ç, si mes notes sont exactes; celui de Grenoble écrit presque toujours ç; j'y ai vu, deux fois seulement, un ʒ dans les noms propres « Zacharia », Luc, I, 5, et « Nazareth », Matth., XXI, 11, et l'orthographe cz apparaît en quelques endroits, dont aucun n'est représenté dans mes citations. Les manuscrits de Cambridge et de Dublin écrivent d'ordinaire cz et quelquefois ç. Je n'ai trouvé que cz dans le manuscrit de Zurich, que j'ai vu plus rapidement que les autres. Les fragments de l'Ancien Testament conservés dans les manuscrits *A* et *C* de Cambridge s'en tiennent au ç.

JEAN, I, I-14.

In principio erat verbum et verbum erat apud Deum e Deus era la paraula. ²Aiso era el comenzament ab Deu. ³Totas causas so faitas per lui e seues lui es fait nient. ⁴Zo qu'es fait en lui era vida, e la vida era lutz dels homes. ⁵E la lutz lutz en tenebras e las tenebras no la presero. ⁶Us hom fo trames de Deu alqual era noms Joans. ⁷Aquest venc en testimoni que testimoni dones de lum, que tuit crezesso per lui. ⁸No era el lutz, mais testimoni donec de lum. ⁹Era lutz vera que enlumena tot home venent en aquest mon. ¹⁰El mon era el mons es fait per lui, el mons nol conoc. ¹¹En sas proplas causas vee e li sei nol receubero. ¹²Mais cantz que ca[n]tz lo receubero dec ad els pozestatz esser fait filh de Deu, ad aquels que crezo el nom de lui, ¹³lical no so de sanc, ni de volontat de carn, ni de delet¹ de baro, mais de Deu so nat. ¹⁴E la paraula es faita carns et estec e nos e vim la gloria de lui euaisi coma gloria d'u engenrat del Paire, ples de gracia e de veritat.

JEAN, XII, 12-15.

Mais le dema mouta companha que eran vengut al dia de la festa, co aguesso auzit que ve Jhesu en Jherusalem, ¹³preiro rams de palmiers et issiro encontra a lui e cridava : Fai nos salvs fil de David², benezectes lo reis d'Israhel loquals ve el nom del Senhor. ¹⁴E Jhesu atrobec .I. asenet e sec sobre lui aisi co es escriut ; ¹⁵No vulhas temer, filha de Sion, vecte lo teus reis ve sezentz sobrel poli de la asena.

ACTES, I, I-14.

O Teophils acertas eu fi primeirament lo sermo de totas las causas que Jhesu comenzec a far e ad essenhar ²entro el dia el comandantz als apostols losquals elegi per sant esperit fo pres, ³alsquals demostrec si meteiss viu en moutz demostramenz apres la sua passio per .XL. dias aparentz ad els e parlantz del regne de Deu ⁴et essems manjantz comandec ad els que nos departiso de Jherusalem, mais que esperesso la promessio del Paire lacal auzitz, qu' el dix, per la mia boca : ⁵Quar acertas Joans batejec en aiga, mas vos seretz batejat en sant esperit no apres aquestz no moutz dias. ⁶Per aiso aicels que ero ajustat enqueriro lui dizentz : Senher no restauraras en aquest temps lo regne d'Israhel? ⁷Mais dix ad els : No es de vos conoisser los poinz ols temps quel Paire pausec en la sua pozesta, ⁸mais recebretz vertut de sant esperit sobrevinent en vos e seretz a mi testimonis en Jherusalem et en tota Judea et en Samaria et entro a la fi de la terra. ⁹E co agues dig aiso,

---

1. Le traducteur a lu : « *ex voluptate viri* ». Je ne retrouve pas cette leçon ailleurs que dans un manuscrit wisigoth conservé à Tolède, mais le ms. 342 lit : « *voluptate.* » Carpentras : « de delcyt de baron. »

2. Manuscrit lat. 342 : « *Osanna filio David.* »

vezentz els fo eissausatz e nivols receub lui dels uls de lor. [10] E co esgardavo el cel lui anantz, veecvos[1] .II. baro estero lonc els e vestimentz blanx [11]que dixero : Baro galileu, perque estatz esgarda[n]tz el cel? Aquest Jhesu que es pres de vos aisi vindra per qual maneira visz lui anant el cel. [12]Ladoncs tornero en Jherusalem del pug que es apelatz d'Olivet, qui es lonc Jherusalem, aventz viage d'un sabte. [13]E co fosso intrat el cenador pugero en las sobira-nezas[2] on estavo Peire e Joans e Jacmes e Andreus e Philip e Tomas, Bertolmeus e Mateus, Jacmes d'Alfeus e Simon Eveios e Judas de Jacme. [14]Tuit aquest eran perseverantz e la oracio d'u corage ab las femnas et ab Maria la maire de Jhesu et ab lo fraire de lui.

ROMAINS, I.

Paulus servus Jhesu Xristi apelatz apostols departitz e l'avangeli de Deu, [2]ço que davant avia promes per les seus prophetas e las santas escripturas [3]del seu fil, loquals es faitz a lui de la semensa de David segon carn, [4]loquals es davant azordenatz fils de Deu en vertut segon l'esperit de la san-tificatio de la resurectio dels mortz de Jhesu Xrist lo senhor nostre, [5]per lo-qual recebem gracia et apostolat ad obezir a la fe en totas gentz per lo nom de lui, [6]e lasquals causas e vos esz apelat de Jhesu Xrist le senhor nostre[3], [7]a totz les amatz de Deu apelatz sanhs liqual so a Roma, gracia a vos e patz de Deu lo paire nostre e del senhor Jhesu Xrist.....

[16]Quar eu no vergonhi l'avangeli, quar vertutz de Deu es a tot crezent, a Judeu primeirament et a Grec. [17]Quar la dreitura de Deu en aiso es revelada de fe en fe, si co es escriut : Mais lo meus justz viu de la meua fe[4]. [18]Quar la ira de Deu es revelada del cel sobre tota la felonia e la no dreitura d'aicels homes liqual la veritat de Deu desteno en no dreitura.....

[28]Et enaisi cum no lauzero Deu aver en conoissensa, liurec els Deus en refudat sen, que faszo aicelas causas que no coveno, [29]repletz de tota iniquitat, de malesa *de cor*[5], de fornicatio, *de no castetat*, d'avareza, de nequicia, *d'ociosetat*, ples d'eveia, d'omicidis, de contenzo, de bauzia, de malignetat, murmurador, *bislengos*, *grondilhador*, [30]detrazedor, a Deu azirable, azautos, ergulhos, eslevat, atrobador de mals, a si plazent, als

---

1. Manuscrit : « vencvos. »

2. Manuscrits languedociens : « *in superi ira.* »

3. Ms. lat. 342 : « *domini nostri.* »

4. Mss. 342 et 343 : « *Justus autem meus ex fide mea vivit.* »

5. J'ai mis en italique les mots qui ne sont pas dans la Vulgate. Voici le texte du ms. 342 : « ... [29]repletos omni iniquitate, malicia *cordis*, fornicatione, *inpudicitia*, avaricia, nequicia, *ociositate*, plenos invidia, homicidia, conten-tione, dolo, malignitate, susurrones (le ms. 343 ajoute ici : *murmuratores, bilingues*), [30]detractores, Deo hodibiles, contumeliosos, superbos, helatos, *murmuratores, sibi placentes.* »

parentz no obedient, ¹¹no savi, emposti, senes bona volontat, senes covezenza, senes misericordia, ¹²liquali co aguesso conoguda la dreitura de Deu, no entendero. Quar celi que aitalas causas fan so so digni de mort, mais no solament aiceli que las fan, mais neis aiceli que cossento als fazentz.

La première question qui se pose à nous, et que nous avons, du reste, déjà indiquée, est la suivante : Sur quel texte le Nouveau Testament de Lyon a-t-il été traduit et quelles indications son texte latin peut-il nous donner sur l'origine et la patrie de cette version ?

Je répondrai en un seul mot que le Nouveau Testament de Lyon correspond, de tout point et sans aucune exception, au texte que nous avons isolé tout à l'heure et qui était en usage, dans le Languedoc, pendant la première moitié du XIIIᵉ siècle.

Pour le démontrer il me suffira sans doute, en outre des notes placées au dessous des passages cités plus haut, d'une seule citation. C'est l'interpolation la plus longue du Nouveau Testament et dont les textes varient le plus; on l'appelle le passage « *de primis accubitibus* » (MATTHIEU, XX, 28). On va voir que dans ce texte, contenu dans peu de manuscrits de la Vulgate et qui y varie à l'infini, le Nouveau Testament de Lyon suit exactement les leçons du texte languedocien :

<table>
<tr><td>Mˢ. B. N. LAT. 342.</td><td>MS. DE LYON.</td></tr>
<tr><td>

Vos autem queritis de pusillo crescere et de magnis majores esse.

Intrantes autem ad cenam nolite recumbere in locis heminentibus, ne forte clarior te superveniat et accedens is qui ad cenam vocavit te (et) dicat tibi : Adhuc deorsum accede, et confundaris. Si autem in loco inferiori recubueris et supervenerit humilior te, dicet tibi qui ad cenam te invitavit : Accede adhuc sursum et hoc erit tibi hutilius.

</td><td>

Mais vos quiretz de pauquet creiser e de gran esser majer.

Mais vos intrantz a la cena no vos vulhatz asetiar els lox sobre apareisens, que per aventura pus clars de tu no sobrevenga e apropiantz aquel qui t'apelec a la cena diga a tu : Encara t'apropia az en aval, e seras vergonhatz. Mais si el loc pus bas t'aseiras e sobrevenga plus umils de tu, dira a tu aquel qui t'apelec a la cena : Encara t'apropia az essus, e aiso sera a tu pus profeitos.

</td></tr>
</table>

Il y a sur les marges du manuscrit quelques corrections d'une ou de plusieurs mains contemporaines, et ces corrections représentent encore un texte languedocien[1]. Il me semble qu'à

---

1. Exemples : ACTES VII, 21, marge : « el flum. » La leçon « *in flumine* »,

cet égard les deux exemples que je cite en note suffisent à fixer la conviction, d'autant plus qu'ils attestent que non seulement le traducteur, mais les premiers lecteurs du Nouveau Testament provençal avaient sous les yeux des textes languedociens.

La ressemblance du Nouveau Testament de Lyon avec les mss. languedociens de la Vulgate s'étend, au delà des détails du texte, à ses formes extérieures elles-mêmes. J'ai déjà dit que les mss. latins écrits en Languedoc ont une division en chapitres inconnue à tous les autres textes et qui remonte fort haut dans l'histoire littéraire de la Bible. Je ne saurais la comparer à rien autre qu'à celle du *codex Vaticanus*, du plus ancien et du meilleur des manuscrits grecs de la Bible. Ce système est presque exactement celui de notre version, ou plutôt il semble mieux conservé encore dans le Nouveau Testament de Lyon que dans les manuscrits latins que nous avons[1].

On peut aller plus loin encore et reconnaître, non seulement sur quel texte la version a été faite, mais comment elle a été faite.

Dans le ms. de Lyon, en effet, le premier regard nous montre ce trait singulier, qu'un certain nombre de passages sont restés en latin. Ce ne sont pas seulement les premiers mots des Évangiles, Matthieu excepté, de l'Apocalypse[2] et du plus grand nombre des Épîtres, ce sont encore un certain nombre de textes qui n'ont du reste rien de remarquable, le commencement du

---

inconnue aux mss. 342 et 343, ne se rencontre, à ma connaissance, que dans quatre mss. latins, dont le ms. 16262, 2ᵉ main, dans le ms. provençal de Paris et dans les mss. vaudois de Carpentras et de Grenoble, ainsi que dans la Bible allemande, ms. de Tepl. — *Ib.*, v. 24, marge : « lo egyptio abcon in sabulo, » leçon que je ne trouve que dans le *codex Cantabrigiensis*, dans le ms. 341 et dans les Bibles vaudoises de Carpentras et de Grenoble (« lo resconde al sablon »).

1. L'Evangile de saint Matthieu a 159 chapitres non numérotés ; celui de Marc, 72 ; Luc, 94, et Jean, 97. De ces 422 chapitres, 303 commencent au même point que les chapitres du *Vaticanus*. De 158 têtes de chapitres prises au commencement des deux premiers Evangiles, 113 se retrouvent dans le manuscrit 342.

2. Les premiers mots de l'Apocalypse sont en latin, mais ils sont suivis de la glose : « zo es la revelacios. »

dernier chapitre de saint Marc[1], Luc I, 30[2], et toute la généalogie de Jésus dans Luc, III, 23-38[3]; Luc, I, 57, un mot latin exponctué apparaît au milieu du texte (« Elisabeth *autem* es complitz lo temps de l'enfantar »), mais il faut surtout remarquer le passage, Luc, II, 42. Ce n'est pas du latin, ce sont des mots provençaux, mais qui n'ont pas de sens : « Et cum fos fait econtra Jhesu anero doi deissendentz els..., » et le correcteur a fort bien rétabli le texte en écrivant en marge : « Et cum fos fait Jhesu de .xij. ansz, e pugero d'els en Jherusalem. » Nous comprendrons aussitôt ce que signifie cette singulière traduction en mettant le latin au dessus du provençal :

annorum duodecim ascendentibus illis.
anero doi deissendentz els.

Le copiste du manuscrit avait lu quatre mots en latin au lieu de les lire en langue vulgaire, et il les avait habillés à la provençale comme il avait pu.

Dès lors il me semble que nous voyons l'original de notre manuscrit aussi clairement que s'il était sous nos yeux. La négligence du copiste, qui certainement sommeillait en transcrivant le dernier chapitre de saint Marc et les trois premiers de saint Luc (car les mots latins sont tous réunis dans ces quatre chapitres), nous a révélé le secret de son travail. L'original contenait le latin au dessous du provençal, c'était un manuscrit glosé.

Ce mot nous explique toutes les singularités de notre version. Si les premiers mots d'un grand nombre de livres n'ont pas été traduits, c'est qu'ils étaient écrits en grosses lettres, comme par exemple dans le manuscrit languedocien 343, qui nous en fournit un parfait exemple. Ou bien la glose de ces mots avait été oubliée, ou elle avait été rejetée à la marge, où le copiste n'a pas été la chercher. Quant aux mots latins qui sont demeurés dans la généalogie de Jésus, le glosateur ne s'était pas donné la peine de copier soixante-quatorze fois la traduction des mots « *qui fuit* », et le copiste qui était, comme je l'ai

---

1. *Novissime recumbe[n]tibus illis undecim,* aparec ad els Jhesus.
2. *Exurgens autem Maria* en aquels dias...
3. Filh de Josep, *qui fuit* Heli, *qui fuit* Mahar, etc.

montré, mal disposé à ce moment, ne s'est pas imposé le travail de corriger cette omission. Enfin et surtout nous comprenons un fait qui nous frappera vivement quand nous comparerons le Nouveau Testament de Lyon avec les autres textes méridionaux, c'est que l'ordre des mots y est partout presque exactement celui du latin. Ce n'est pas une traduction à main levée, c'est une glose interlinéaire copiée à peu près mot pour mot.

Ainsi nous trouvons, dans la plus ancienne version provençale, le pendant exact de la première version de la Bible en français, de celle du Psautier. La correspondance est si parfaite à cet égard entre les textes de langue d'oc et de langue d'oïl, que, dans le ms. Bibl. nat. lat. 8846, le Psautier commence par les mots : « Ki ne alat el conseil de feluns. » La glose des mots *Beatus vir* s'est perdue entre l'original et la copie, comme celle des premiers mots des Evangiles dans le ms. de Lyon.

Il est permis de se demander si cet attachement servile au latin n'a pas été, pour nos plus anciennes versions en langue vulgaire, une cause d'infériorité. Des versions qui ne sont qu'une glose retournée manqueront nécessairement de style [1]. Comparez à cet égard les psautiers français avec la traduction libre des quatre livres des Rois. Néanmoins l'ancienne version provençale du Nouveau Testament est une œuvre intéressante, qui a excercé une certaine influence sur les populations du Midi, ainsi que nous le verrons dans les chapitres qui suivent.

Quant à l'époque à laquelle notre version a été faite, les philologues seuls en décideront. Je me borne à rappeler qu'il ne semble pas y avoir d'intermédiaire entre l'original et la copie, qui n'est probablement pas postérieure à la fin du XIIIe siècle, et que le texte latin, entre les lignes duquel la traduction a été écrite, est celui qui était en usage, pendant la première moitié du même siècle, dans le Languedoc. Il ne nous sera pas défendu, pour chercher à préciser davantage, de nous souvenir que la première interdiction de la Bible en langue vulgaire par un concile du Midi date du concile de Toulouse, 1229.

---

1. Pour les mots, cette langue est si bien vivante qu'on y lit, par exemple, au XVIe chapitre des Romains : « Saludatz na Prisca e' n Aquila, » « na Maria, » etc., forme bien populaire.

III. — LE NOUVEAU TESTAMENT DE PARIS

Nous possédons un autre Nouveau Testament provençal : c'est celui qui est conservé à la Bibliothèque nationale et qui provient de Peiresc; malheureusement il est mutilé en plusieurs endroits; l'évangile de saint Matthieu, en particulier, est perdu. En outre, ce n'est qu'un manuscrit abrégé. Le texte en a été écourté en beaucoup de passages, soit pour éviter des répétitions, soit par une recherche de la brièveté qui souvent substitue à la traduction une sorte de résumé. Parfois, en revanche, il s'y rencontre quelques mots de paraphrase. La version est souvent plutôt libre que littérale [1], elle est en beaucoup d'endroits très négligée et la copie est souvent mauvaise. L'écriture, au jugement de M. Delisle, est de la première moitié du XIVᵉ siècle. En voici quelques extraits :

JEAN, I, 1-14.

Lo filh era al comensament el filh era am Dieu el filh era Dieus. ²Aquest era al comensament am Dieu. ³Totas cauzas foron fachas per el e nenguna causa non fon fach senz el. ⁴So que fon fach era en lui vida e la vida era lus dels homes. ⁵E la lus lus en tenebras e tenebras non corpreenseron lui. ⁶Oms fon trames de Dieu local avia nom Johan. ⁷Aquest venc en testimoni que dones testimoni de lum, que tug crezessan per el. ⁸E non era lus, mas que dones testimoni de lus. ⁹Vera lus era lacal enlumena tot home venent en aquest mont. ¹⁰El mont era el mont fon fach per el, el ment non lo conoc. ¹¹En las proprias cauzas venc e li sieu non lo receupron. ¹²Mas quant receupron lui donet ad els poder esser fach filh de Dieu, ad aquestz que crezon el nom de lui, ¹³lical non son de sanc, ni de voluntat de carn, ni de voluntat de baro, mas de Dieu son nat. ¹⁴El filh es faitz carns et abitet en nos e nos vim la gloria de lui coma d'un engenrat del Paire, ple de gracia e de veritat.

JEAN, XII, 12-15.

Mas l'endema mota companhia que eran vengut a la festa auziron que Jhesus venia en Jherusalem, ¹³prezeron rams de palmas et anneron li encontra e cridavan : Dieus salva nos, benezet sia lo rey d'Irael loqual ven en nom del Senhor. ¹⁴E Jhesus atrobet .i. asenet e sec sobre el aysi con es escrig :

---

1. C'est ainsi que l'expression : « va dir, » pour *ait*, ou *dixit*, est un des traits caractéristiques de notre manuscrit.

¹⁵Filhas de Syon non vulhas temer, vete lo tieu rey que ven a tu sezent sobre lo polhi de la sauma.

ACTES, I, 1-14.

Mas certas ieu fis lo premier sarmo de totas las cauzas lascals Jhesus comenset far et ensenhar, ²comandans als apostols loscals elegit per lo sant esperit entro al jorn que el fon pres, ³alcals ancar donet vizio apareycens a els seguent la sieua passion per .XL. jorns e mot esproadamens e parlant del regne de Dieu ⁴et ensemps manjant comandet a els que non se partissan de Jherusalem, mas esperessan la promession del Paire loqual vos aves auzit per la mieua boca. ⁵Car certas Johans batejet en aygua, mas vos seres batejat el sant esperit non seguentre aquestos mot jorns. ⁶Peraiso' aquil que eran ensemps ajustat demanderon a el dizent : O senher restauraras lo regne d'Irael en aquest temps? ⁷Et el dis a els : Lo temps e lo moment local lo Paire pauzet en son poder non es a conoyser a vos, ⁸mas recebres la vertut del sant esperit sobrevenent en vos e seres testimoni a mi en Jherusalem et en tota Judea e Samaria et entro a la derrayria della terra. ⁹E cant ac dichas aquestas cauzas, vezent els fon levat e nivols receuput el de lurs huels.

¹⁰E con ilhe regardessan el annant el cel, vevos dos barons que isteron luenhen d'el am vestimentas blancas ¹¹liqual van dire : O barons galilieus, con regardas el cel? Aquest Jhesus loqual es receuput el cel de vos venra enaysi com l'aves vist annar el cel. ¹²Adonc retorneron en Jherusalem del pueg d'Olivet loqual es prop de Jherusalem, ¹³et intreron s'en on istavan Peire e Johans, Jaume et Andrieu, Felip e Tomas, Bertolmieu e Matieu, Jaumes d'Alfieu e Symon Zelotes e Judas de Jaume. ¹⁴Tug aquist eran perseverant am las femnas et ambe Maria maire de Jhesu et am sos fraires humilment en oracio.

ROMAINS, I.

..... sieu filh per los sieus prophetas, local fon fait a lui della semensa de David segon la carn, ⁴local fon davant destinat filh de Dieu e vertut segon l'esperit de santificatio de la resurrexio dels mortz de Jhesu Xrist nostre senhor, ⁵per local receupem gracia et apostolat et ad obezir a la fe en totas las gens per lo nom de lui, ⁶el cal vos neis [es]¹ appellat de Jhesu Xrist nostre senhor, ⁷a totz cels que son a Roma amat de Dieu appellat santz, gracia sia a vos e pas de Dieu lo nostre paire e del senhor Jhesu Xrist....

¹⁶Car ieu non vergonhi l'avangeli, car vertutz es de Dieu e salut a totz crezent, premierament a Jud e als Grex. ¹⁷Car la drethura de Dieu es revelada a el de fe e fe, si con es escrig en Abacut² : Mas lo mieu just viou de la mia

---

1. Deux lettres grattées.
2. Mss. B. N. lat. 342, 343, 11932 : « *in Abacuch.* »

fe [1]. [18]Car fa ira de Dieu es revelada del cel sobre tota fellonia ella tortura d'aycels homes lical teno la veritat de Dieu tortura....

[28]Et enaysi non agron Dieu en conoysensa, Dieus liouret els en refuidable sen, que fassan aycellas cauzas que non covenon, [19]unplitz de tota fellonia, de malicia de cor [2] e de fornicacio e de non castitat, d'avaricia, de nequicia, d'ociositat, plens d'enveia, d'omicidi, de contenso, de bauzia, de malignitat, murmurador, [30]detraidor, adirable a Dieu, amtos, ergulyos, eslevatz, plazens a lor, atrobador de mals, non obezent als pairons, [31]non savis, desaordenatz, sens atalentament, sens lialtat, senz misericordia, [32]lical con aguessan coungut la drethura de Dieu non la entenderon. Car cels que fan aytals cauzas son digne de mort, non tant solament cil que fan aquestas cauzas, mas cil que las consenton als fazens.

Notre manuscrit est, comme celui de Lyon [1], partagé en un grand nombre de chapitres, mais il a, de plus, et de la première main, un nombre assez considérable de rubriques, soit en latin, soit en provençal, qui indiquent les dimanches et les fêtes où les divers textes doivent être lus. Cette sorte de calendrier n'a rien que de parfaitement orthodoxe, et on n'y trouve la trace d'aucun culte local. La division en chapitres, avec laquelle ce système de leçons forme corps, paraît très proche parente de celle que nous avons déjà étudiée dans le ms. de Lyon : des 197 paragraphes qui nous sont conservés dans les trois derniers Evangiles, 139 commencent avec des paragraphes du ms. de Lyon. Je pourrais ajouter que, de ces 197 divisions, 136 se retrouvent dans le *codex Vaticanus* dont nous avons parlé plus haut, mais le fait que nous avons affaire à un système de lectures ecclésiastiques doit nous engager à tourner les yeux d'un autre côté. En réalité, les péricopes de notre ms. semblent être celles de la liturgie romaine ordinaire, et ses divisions paraissent coïncider aussi bien avec la fin qu'avec le commencement des péricopes du plus ancien manuel liturgique de l'Eglise, du *Comes*. Telle est peut-être simplement l'origine de tout le système, si original, de chapitres que nous avons reconnu dans les manuscrits languedociens. Ce n'est pas le moment de chercher si l'ancienne liturgie romaine ne se base pas elle-même sur un système de chapitres fort ancien : il serait presque étonnant qu'il n'en fût

---

1. Voyez la note à propos du manuscrit de Lyon.
2. Voyez les notes jointes au texte du ms. de Lyon.

pas ainsi. Mais il faut noter, à cet égard, la parenté de nos deux manuscrits.

La ressemblance ne s'arrête pas à l'extérieur. Il n'est pas nécessaire de comparer longtemps les deux textes pour être frappé de la pensée qu'il n'y a pas là, du moins à certains endroits, deux traductions distinctes. Prenons pour exemple le commencement de saint Luc :

<table>
<tr><td>MS. DE LYON.</td><td>MS. DE PARIS.</td></tr>
<tr><td>¹Quoniam quidem mout so reforzatz adordenar lo recumtament de las causas que so e nos complidas, ²si co o liurero a nos liqual o viro del comensament e foro sirvent de la paraula, ³vejaire es a mi assegut del comensament de totas las causas amorosament a tu escriure del orde, notil Theophile, ⁴que conoscas aquelas paraulas de lasquals est essenhaz de veritat.</td><td>³O Theophile vejaire es a mi aconsegut del comensament totas causas a tu escrieure amorosament per orde, ⁴que tu conoscas veritat d'aycellas paraulas de que tu iest ensenhat. ¹Quar certas mot s'esforceron adordenar lo recomtament de las cauzas que son en nos aumplidas, ²si con lioureron a nos meteises que del comensament o entorn foron ministre della paraula.</td></tr>
</table>

Ces deux textes semblent, au premier abord, fort dissemblables. Mais qu'on les étudie de près et l'on verra que le texte de Paris est exactement, à trois mots près, celui de Lyon retourné. Au reste, entre les deux mss., il y a plus que de la ressemblance. Le mot « o entorn », qui se lit dans le ms. de Paris, semble bien étrange. Mais que l'on veuille considérer qu'il remplace le mot provençal « o viro », qui se lit dans le ms. de Lyon. Ou je me trompe fort, ou ce mot « o entorn » n'est pas autre chose qu'un contre-sens. Le reviseur n'a pas bien entendu « o viro », qui signifie « le virent »; il a compris : « ou environ, » et il a remplacé ce mot par le synonyme : « ou à l'entour. »

Continuons notre examen en comparant les premiers versets de l'Epître aux Hébreux dans les deux textes :

<table>
<tr><td>MS. DE LYON.</td><td>MS. DE PARIS.</td></tr>
<tr><td>Mout parlablament et en moutas manciras sza enreire Deus parlantz als paires els prophetas, defrairanament ²en aquestz dias parlec a nos el fil, loqual establic hereter de totas</td><td>Deus parlant sa atras mot parlablamment et en motas manieras as payres et as prophetas, ²parlet deraynarament a nos en aquestos jorns el filh, local establi eretier de totas cauzas,</td></tr>
</table>

causas, per lequal fe neiss les segles,   per local fes neis lo segles, ³ local con
³ lequals cum sia resplandor de gloria   sia resplandors de gloria e figura de la
e figura de la substancia de lui, e   sieua sustancia, e portant totas cauzas
portantz totas causas ab la paraula de   am la paraula de la sieua vertut,
la sua vertatz, fazent le nedeiament   fazent purgament de peccatz, se a las
dels pecatz, se a la destra de la mages-   destras de la majestat en las autezas,
tat e las autezas, ⁴en tant es melher   ⁴fagz en aytant melhiers d'angels en
faitz dels angels en cant plus detriada-   cant heretet plus detriadament nom
ment heretec nom denant els.   devant els.

Les ressemblances entre nos deux textes ne sont sans doute pas fortuites. « Mout parlablament, » qui se lit dans tous les deux pour *multifarie* ou *multifariam*, est presque un contre-sens et n'est pas, je crois, pris dans l'usage courant, et *differentius*, qui n'est du reste pas un adverbe, ne se rend pas nécessairement et ne devrait peut-être pas se rendre par « detriadament ». Quant aux différences, elles se bornent à peu près à une traduction à la fois plus littérale et moins bonne du mot *purgationem* dans le ms. de Paris. Je ne parle pas de l'ordre des mots : le ms. de Lyon reproduit mot pour mot l'ordre du latin, celui de Paris a remis la phrase sur ses pieds.

Il est souvent très difficile d'établir l'origine commune de deux traductions, et il peut être dangereux de se laisser aller trop facilement dans cette voie. Les ressemblances de mots sont trompeuses, la disposition des phrases ne signifie le plus souvent rien, les leçons singulières, et qu'on ne retrouve pas dans le latin[1], peuvent fort bien se découvrir un jour dans quelque manuscrit encore inconnu, et deux versions qui se ressemblent à tous égards peuvent souvent avoir été faites, indépendamment l'une de l'autre, par deux traducteurs qui parlaient la même langue. La meilleure ressource du critique, dans cette pauvreté de preuves et dans le doute où il est souvent lui-même, est de rechercher les contre-sens du traducteur le plus récent et de les comparer avec le texte du premier. Nous avons déjà commencé cette recherche, nous allons la continuer.

---

1. Je citerai, comme une leçon que je ne retrouve pas dans le latin, les mots « d'aquest libre », Apoc. I, 3, dans les manuscrits de Lyon, de Paris, de Carpentras et de Grenoble.

Pour « *dextera Dei* » (ACT., II, 33), les deux mss. lisent, sans que le texte latin y prête : « en la destra de Deu. » Ceci est peu de chose. Voici qui est plus intéressant :

JEAN, XI, 16; XX, 24 et XXI, 2, *Didymus* est rendu par « no crezentz » dans le ms. de Lyon; une fois (XX, 24), il est rendu par « mescrezens » dans le ms. de Paris. D'où peut venir, chez les deux traducteurs, cette traduction singulière? Je la cherche en vain dans les « interprétations » en usage au Moyen Age. Aurait-on lu « *dubius* » pour « *didymus*[1] ? » Nous verrons tout à l'heure que le ms. de Carpentras traduit : « dubitos. »

ACTES, XXI, 39, le traducteur du ms. de Lyon fait venir *municeps* de *munus* (don) et rend ce mot par « prendentz dos »; de même on lit dans le ms. de Paris : « recebens dos. »

APOC., I, 7, Paris traduit « *et qui eum pupugerunt* » par « aquil que lo posseziran ». Ce contre-sens s'explique par la leçon de Lyon, que nous retrouvons dans Carpentras : « e liquali le poissero. »

JEAN, IV, 5, *praedium* est fort bien traduit dans Lyon par « l'alo »; « lo luoc, » qui se lit dans Paris comme dans Carpentras, paraît être une faute de lecture pour ce mot, mal divisé.

Tout cela n'est pas beaucoup, mais en a-t-on toujours davantage? En tous cas, celui qui comparera longuement nos deux textes aura beaucoup de peine à n'y pas trouver, tour à tour et suivant les endroits, les plus grandes différences et des ressemblances frappantes. Les différences sont toutes naturelles et paraîtront même nécessaires si l'on se souvient que le ms. de Paris ne représente qu'un texte amputé et résumé, parfois plutôt paraphrasé que traduit et toujours rédigé d'une plume négligente et grossière. C'est ainsi que l'Évangile de saint Marc me paraît différer absolument dans les deux manuscrits. Dans l'Évangile de saint Luc, après le préambule que nous avons trouvé semblable, la suite du chapitre Ier diffère entièrement. Dans l'Évangile de saint Jean, les ressemblances et les différences sont également grandes. Dans les Actes, le manus-

---

1. La Glose ordinaire, *ad Jo.* XX, 24, dit : « *Didymus, id est geminus, quia dubius;* » Nicolas de Lyre, *ad Jo.* XI, 16 : « *Didymus, id est dublus.* »

crit de Paris est particulièrement abrégé et retouché. Mais dans l'Épitre de saint Jacques et dans les Épitres de saint Paul, le texte semble être le même, et la probabilité paraît plus grande encore si nous comparons l'Apocalypse dans les deux manuscrits.

Nous croyons donc, sinon prouvé, du moins probable que la version du ms. de Paris n'est pas indépendante de celle qui est conservée dans le ms. de Lyon.

IV. — LES CATHARES ET LES VAUDOIS

Laissant de côté le ms. de Paris et revenant à la version la plus ancienne et la meilleure, nous demanderons ce que le ms. de Lyon nous enseigne quant au caractère religieux de ceux qui l'ont traduit. La version provençale, en un mot, est-elle vaudoise ou cathare?

Quelque tentant qu'il puisse être d'attribuer au chef des Vaudois une version dont les Vaudois ont pu faire usage, il n'y a, il faut le dire, pas le moindre lien entre le nom de Waldus et la traduction provençale. Si notre manuscrit n'avait pas été conservé à Lyon, on n'aurait peut-être pas eu l'idée de le mettre en relation avec les « pauvres de Lyon ». En réalité, le manuscrit a été apporté de Nîmes par un protestant et un libéral, Trélis, lorsqu'en 1815 il quittait le Midi, fuyant la terreur blanche. Le premier auteur qui l'ait connu est l'abbé De Sauvages, qui en fait mention en 1785 dans son dictionnaire languedocien et qui écrivait à Alais. En dehors de tous les arguments que fournit la philologie, nous avons, comme on l'a vu, toutes raisons de penser que notre traduction a été faite dans le Languedoc, et plutôt au sud qu'au nord de cette province, à une époque où Waldus était mort. Au reste, le rituel cathare dont le manuscrit est accompagné doit diriger plutôt nos regards vers une secte bien plus importante en Languedoc au XIIIe siècle, celle des Albigeois.

On sait combien est curieux ce rituel, le seul document direct du catharisme qui nous reste. C'est la liturgie du « consolament », du sacrement suprême que les « bons hommes » donnaient aux mourants et dans lequel « le livre », c'est-à-dire le Nouveau Testament même qui nous occupe,

tient une grande place. « Que l'ancien, dit le Rituel, prenne le
livre et le lui mette sur la tête, et les autres bons hommes
chacun la main droite..., et puis ils doivent faire la paix (s'em-
brasser) entre eux et avec le livre. » Depuis M. Cunitz, le
regretté professeur de Strasbourg, qui en a démontré la véritable nature, le caractère de cette liturgie ne peut plus être nié.

Ce qu'il nous importe de remarquer, c'est que les nombreux
passages de la Bible qui sont cités dans le Rituel appartiennent
à la traduction que nous a conservée le ms. de Lyon, mais
n'ont pas été reproduits d'après ce manuscrit même. Quelques
différences de détail qu'on peut relever entre le Nouveau Testament et le Rituel rendent ce fait certain. S'il en est ainsi, il
est prouvé que notre version était non seulement en usage
parmi les Cathares, mais officiellement admise dans leur culte.
Il ne s'en suit pas que la version ait été faite par eux, mais uni-
quement que, si haut que nous puissions en poursuivre
l'histoire (et nous remontons, par notre manuscrit, assez près
de son origine), nous la trouvons entre les mains des Albigeois
et faisant autorité parmi eux.

Vouloir aller plus loin serait tenter un effort inutile. Au
point de vue dogmatique, la Bible provençale est absolument
incolore. M. Reuss l'a prouvé et il ne servirait de rien de refaire
sa démonstration. Mais, après la preuve que nous en donne le
Rituel cathare, il ne sera pas nécessaire de démontrer quel prix
les Cathares attachaient à la Bible en langue vulgaire. Je citerai
seulement, à cet égard, un curieux texte que M. Tanon a bien
voulu me communiquer. Il est emprunté aux Actes de l'inquisition de Carcassonne contre les Albigeois[1].

Il s'agit de l'interrogatoire que l'inquisiteur Geoffroi d'Ablis
fit subir, à Carcassonne, le dimanche 19 janvier 1308, à un
clerc, Pierre de Luzenac. Ce Pierre raconte comment deux
ministres albigeois, Pierre Autier, d'Ax, et son fils Jacques, lui
ont montré, au bourg de Larnat, chez Arnaud Issaure, « un
très beau livre, très bien écrit de lettre bolonaise et parfaitement enluminé d'azur et de vermillon, où se trouvaient, à ce
qu'ils lui dirent, les Evangiles en roman et les Epîtres de saint
Paul. » Jacques Autier fit la lecture dans l'Evangile pendant un

---

1. Bibl. Nat., lat. 4269, fol. 64.

long moment en présence de l'accusé et d'Arnaud Issaure. (Pierre Autier n'était pas moins que le chef de la secte des Albigeois. Les Actes de l'inquisition de Toulouse, publiés par Limborch, sont remplis de son nom, et M. Ch. Molinier raconte en détail son intéressante histoire dans son livre sur *l'Inquisition*, p. 111 à 161.) « Je leur dis que la chose ne me plaisait pas, parce que cette bible était en roman, et que j'aurais mieux aimé qu'on fît la lecture en latin. » Jacques Autier alors le pria de lui acheter, lorsqu'il irait à Toulouse, une bible complète, pour le prix courant de vingt livres ou environ. Pierre Autier lui fit la même demande, quand il le rencontra à Toulouse..... « Je leur répondis que je ne comptais pas aller à Toulouse de l'année, parce que j'y avais été mis en prison, mais que je pensais aller à Montpellier ou à Lérida pour y étudier, et qu'ils m'envoyassent l'argent en lieu sûr, que je leur enverrais cette bible de Montpellier, où on en trouve facilement[1]. »

Le Nouveau Testament provençal dans lequel Jacques Autier faisait la lecture ne devait pas ressembler au ms. de Lyon, car il était écrit « de lettre bolonaise », c'est-à-dire de cette belle écriture ronde dont les copistes italiens avaient le secret et qui était recherchée au XIVe siècle, du nord au midi de la France, par les amateurs de livres précieux. Les gens riches du Midi savaient fort bien faire venir des copistes bolonais ou leur com-

---

1. *Et ostenderunt michi quendam librum valde pulcrum et cum obtima littera bononiensi et perobtime illuminatum de adhurio et minone, ubi erant euvangelia in romancio et epistole beati Pauli, ut sibi dixerunt, et legit de euvangelio per magnam pausam Jacobus predictus audiente me et dicto Arnaldo Eyssaura. Et ego dixi eis quod non placebat michi quia erat in romancio, quia prediligerem quod legeret in latino. Et tunc rogavit me dictus Jacobus quod emerem et si quando redirem Tholose unam bibliam conpletam, si invenirem de comuni precio usque ad XX libras vel circa. Et de eodem rogavit me dictus Petrus Auterii apud Tholosam quando vidi eum Tholose. Et dixi eis quod libenter facerem et quod traderent michi pecuniam, et ipsi dixerunt quod Tholose habebant peccuniam illam et plus in mensa d'en Uzalgier campsoris et quod Petrus Sancii faceret michi tradi. Et tunc ego dixi eis quod non credebam de toto illo anno redire Tholosam, quia fueram ibi captus, sed intendebam ire in Montepessulano vel Ilerde ad studendum, et si in recessu mitterent michi peccuniam, quod ego eis mitterem dictam bibliam de Montepessulano ubi inveniuntur satis.* — Comparez le texte publié par M. Ch. Molinier, *Archives des Missions*, 3e série, t. XIV, p. 290.

mander, sans déplacement, des livres[1]. Il est intéressant d'apprendre, par notre texte, que Toulouse et Montpellier étaient regardés, au commencement du xive siècle, comme le centre de la « Société biblique » de ce temps, et qu'on y trouvait facilement à acheter des bibles provençales. Mais qu'est-ce que cette bible « complète » que les Autier veulent se procurer ? Le prix fort élevé qu'ils en donnent prouve qu'il s'agissait bien, dans leur pensée, d'une bible entière, mais nous n'avons jamais entendu dire qu'au xive siècle ni plus tard la Bible ait été traduite en entier en provençal.

Une seule fois, pourtant, il nous semble trouver la trace d'une bible entière en provençal. Dans l'inventaire après décès de la bibliothèque de Peiresc, qui va être publié par M. H. Omont, on lit les trois notices suivantes, que M. Omont a bien voulu me communiquer[2] :

62. La sainte Bible, traduite en provençal; ms. fol., vélin et papier, enluminée; 1er volume, couvert de bois et basane rouge et de grands cloux. 1286.

63. Le second volume de mesme; commance à la génération d'Abraham; aussy fol., vélin et papier, enluminé, couvert de mesme.

64. Le troisième commance aux Actes de Salomon.

En premier lieu, nous devons mettre en doute la date de 1286, car un manuscrit sur vélin et papier peut difficilement être antérieur à la fin du xive siècle ou au xve. Mais n'avons-nous pas sous la main un manuscrit du xve siècle, non pas provençal, mais catalan, qui répond exactement à la description de l'inventaire des manuscrits de Peiresc? Le manuscrit esp. 2-4 de la Bibliothèque nationale[3], en papier encarté dans du parchemin, est composé de trois volumes. Le premier commence avec la Genèse, le troisième avec « la generacio de Jhesu Crist, fill de David, fill de Abraam », et le deuxième avec « les paraules de

---

1. La belle bible lat. 22 de la Bibliothèque nationale a été écrite, avant 1284, pour Fredol de Saint-Bonet, chanoine de Maguelonne, par Cardinalis et Rugerinus de Forli, demeurant à Bologne.

2. Bibliothèque de Carpentras, manuscrit 610. Comparez le n° 61 du catalogue abrégé des manuscrits de Peiresc, qui se trouve dans le volume 849, fol. 218 à 220, de la collection Moreau à la Bibliothèque nationale.

3. *Regins* 6831-6833, n°s 1 à 3 du catalogue de M. Morel-Fatio.

Salamo ». La reliure a été refaite sous Louis XIV et le manuscrit est enluminé assez disgracieusement. Le manuscrit provient de Mazarin, et l'on sait que Mazarin avait acheté le plus grand nombre des manuscrits de Peiresc.

Nous ne trouvons donc aucune confirmation à l'opinion de Pierre de Luzenac et de Pierre Autier, que l'on trouvait à acheter à Toulouse et à Montpellier des bibles provençales complètes. J'ajouterai que, quoique le procès-verbal paraisse très bien fait et la déposition de l'accusé véridique, il ne suffit pas de ce seul témoignage pour nous faire admettre un fait que rien ne vient appuyer. Dans le Rituel cathare, je ne trouve qu'une seule citation de l'Ancien Testament contre trente-deux du Nouveau, mais surtout le « livre » que l'ancien posait, dans le « consolament », sur la tête du malade, ne pouvait être un gros volume comme aurait été une bible, mais sans doute simplement un Nouveau Testament. Les auteurs catholiques qui nous décrivent le rite du « consolament » ne parlent jamais que du Nouveau Testament[1]. Au reste, si Pierre Autier demandait à se procurer la bible entière, c'est qu'il ne la possédait pas et ne l'avait probablement jamais vue.

Quittant le ms. de Lyon, nous demanderons à celui de Paris de nous livrer son secret.

La traduction, elle aussi, est parfaitement neutre et rien ne permet d'en fixer le caractère primitif. Celui qui a copié le manuscrit a eu soin, on s'en souvient, de noter en vermillon le nom de toutes les fêtes où devaient se lire les évangiles et les épîtres, car c'était un livre d'usage, où l'on n'avait pas craint de faire des coupures. Je ne crois pas qu'un pareil livre ait été fait pour les Cathares, car leur culte différait profondément de celui de l'Église catholique. Aurait-il été écrit pour des Vaudois? Nous n'en pouvons rien dire. Nous verrons plus tard que, jusqu'au xve siècle, les Vaudois notaient dans leurs bibles les évangiles et épîtres des dimanches et fêtes. Mais nous savons entre quelles mains a été ce manuscrit. Sur ses marges, on remarque un grand nombre d'*index* (☞), dus à plusieurs mains et qui paraissent remonter au xve siècle. Un grand nombre de

---

1. Ermengaudus, *Opusculum contra haereticos* et le Livre des sentences de l'Inquisition de Toulouse, cités par M. Schmidt, *Histoire des Cathares*, t. II, p. 125 à 129.

ces index attirent l'attention sur des textes de morale, particulièrement sur les passages relatifs aux devoirs des femmes et au silence qui leur est imposé, mais d'autres ont un caractère différent. Dans les premiers, c'est au « petit troupeau » que l'exhortation s'adresse :

Luc, XII, 32 : « Non vulhas temer, petita companha, quar plac a vostre payre dar a vos lo regne. » — Nous savons (Herzog, p. 280 et 298) que les Vaudois aimaient à se donner le titre de « petit tropel ».

II Cor., VI, 16 : « Si con Dieus dis per Ysaya : Car ieu habitarey en els e seray lur Dieus et il seran mon pobol. »

I Cor., II, 9 : « Que uelh non vi ni aurelha non auzi ni en cor d'ome non poc pensar, cals cauzas Dieus apparelhe ad aycels que l'aman. Mas Dieus o revelet a nos per lo sieu esperit. »

Voici pour la prédication de la pénitence et pour le zèle du missionnaire :

Luc, XIX, 42 : « Jherusalem !... Quar jorns venran en tu que tiey enemix t'environaran am vallatz e t'assalhir(t)an de totas partz, e non layssaran en tu peira sobre peira. » — En marge : « *nota.* »

Hébr., X, 37 : « Car ancar un petit tant o cant cel que es avenir venra e non tarzara[1]. »

Jean, II, 17 : « La envcia de la tua mayzo manjet mi. »

II Cor., IV, 13 : « Ieu creziey, perque parliey. »

Ici nous entendons parler les persécutés :

Hébr., XI, 9 : « ... coma en estranha, habitant en las may[s]onetas. »

Actes, XIV, 21 : « Per motas tribulacions nos cove intrar el regne de Dieu. »

Jean, XVIII, 23 : « Si ieu ai parlat mal, dona testimoni de mal, mas[si]ieu non fi (addition du traducteur) mas be, perque mi bates ? »

Parfois au contraire ce sont des chants de triomphe :

I Cor., XV, 54 : « O mort on es la tieua victoria (ces mots ne sont pas dans le latin), o mort on es lo tieus agulhos ! »

La doctrine des pauvres de Lyon apparaît dans ce verset, où l'*index* est accompagné d'une figure grimaçante :

Jacques, V, 1 : « O vos ricx, fatz ara ploras u dolas, las vostras riquezas son fachas poyridas e las vostras vestimentas son manjadas d'arnas ! »

---

1. Voyez aussi Jacques, V, 8, II Pierre, II, 6.

Ailleurs, c'est l'interdiction du serment, à laquelle les Vaudois attachaient une grande importance :

Ib., v. 12 : « Mas, li mieu fraire, sobre totas cauzas, non vulhas jurar. » — (Voyez la *Nobla Leyczon*, vers 244 et suivants ; Bernard Gui, *Pratica*, pages 245 et suivante).

Il semble que nous trouvons dans le verset qui suit quelque chose de la tendance « antinomiste » :

I TIM., I, 9 : « Leys non es pauzada al just, mas al non just. »

Les passages sur la sainte cène, I COR., X, 16, et JEAN, VI, 51 (« Ieu suy pans vious que deycendey del cel ») sont encore marqués d'un *index*, ainsi qu'un passage relatif au mariage des ecclésiastiques : « Li diaque sian marit d'una molher » (I TIM., III, 12).

Nous avons ici, en quelques traits de plume, le résumé de la prédication d'un « barbe » et le témoignage authentique de sa carrière errante et persécutée. Je ne sais s'il existe beaucoup de documents plus sincères de l'enseignement des Vaudois.

V. — LES BIBLES DE CARPENTRAS ET DE DUBLIN

On a considéré jusqu'à présent le ms. de Dublin comme le type des mss. vaudois ; W. S. Gilly l'a le premier signalé, et la copie qu'en avait prise Herzog, et qui est déposée à la bibliothèque royale de Berlin, a servi de texte aux principaux travaux qui ont été faits sur la Bible vaudoise.

Ce manuscrit est daté de 1522 ; de là, naturellement, un certain discrédit jeté sur une littérature dont les documents sont si récents. Au reste, tant d'erreurs ont été commises dans l'histoire littéraire des Vaudois, la naïveté et le parti pris y ont si souvent tenu la place de la critique, que les savants ont pris l'habitude de passer sans détourner la tête à côté d'une littérature suspecte à leurs yeux. En outre, une difficulté spéciale complique cette étude et en rend les résultats incertains. Il n'y a pas de manuscrits plus difficiles à dater que les manuscrits vaudois. Je n'en veux pas trop dire, de peur de mettre le lecteur en défiance contre les dates que je vais essayer de déter-

miner, mais il était nécessaire d'expliquer et les contradictions
et les erreurs de la philologie vaudoise et la négligence volon-
taire où l'ont trop souvent laissée les hommes de science.

Ceux qui se sont occupés de la Bible vaudoise ont pourtant
eu raison d'attacher de l'importance au texte du ms. de
Dublin. Malgré la date récente de la copie, le texte lui-même
est fort ancien, et nous allons faire voir qu'il en existe un
autre exemplaire, le plus ancien et le meilleur de tous les
manuscrits vaudois qui existent, et qui semblerait être l'original du ms. de Dublin, s'il n'y avait pas entre eux quelques
faibles différences.

Ce ms. est celui dont le P. Lelong fait mention, dans sa
Bibliotheca sacra, comme appartenant à Henri-Joseph de Thomassin, seigneur de Mazaugues, président aux enquêtes au parle-
ment de Provence († 1743), à cet homme éclairé qui tint fort
dignement sa place au milieu du groupe de savants dont étaient le
président Bouhier et Caumont. Il était l'arrière-petit-neveu de
Peiresc, et c'est justement qu'il est appelé par les Bénédictins
« *magni Peirescii dignissimus hæres* [1] ». Lelong avait emprunté
le renseignement qu'il donne aux *Pièces fugitives* de Rémerville
de Saint-Quentin, et, de ce que dit cet auteur, il résulte que le
manuscrit a été découvert, peu avant 1704, nous ne savons où,
par le président de Mazaugues. La bibliothèque de Mazaugues
fut vendue, par son frère, à Inguimbert, qui la donna à la ville
de Carpentras, dont il était évêque. C'est ainsi que le ms.
vaudois, que beaucoup d'auteurs appellent « manuscrit d'Aix »
sans savoir où le chercher, se trouve aujourd'hui conservé à la
Bibliothèque Inguimbert, à Carpentras.

Le ms. est certainement du XIVe siècle ; il est écrit d'une écriture arrondie du midi de la France, et sa décoration n'est pas
sans rappeler celle des livres italiens. On y lit, à la suite du
Nouveau Testament, les Proverbes, l'Ecclésiaste, le Cantique
des Cantiques, accompagné de rubriques allégoriques, les dix
premiers chapitres de la Sapience et les quinze premiers chapitres du livre de Sirach. Tous ces livres sont, au contraire des

---

1. Sur H. J. de Mazaugues et sur son père, Louis, voyez E. Rouard,
Notice sur la bibliothèque d'Aix, 1831, p. 78 ; Beauquier, *Les Provençalistes du*
XVIIIe *siècle, Revue des Langues romanes*, 3e série, t. III (1880), p. 67.

mss. provençaux, précédés de préfaces ou d'arguments sur lesquels nous aurons à revenir.

À la suite de ce ms. se range, comme nous l'avons dit, celui de Dublin, qui est daté de 1522. Il provient de l'archevêque Ussher, qui l'avait acheté avec une collection d'écrits vaudois provenant du ministre dauphinois J. P. Perrin. Il semblerait la reproduction de celui de Carpentras, s'il ne s'étendait jusqu'au chapitre XXIIIe du livre de Sirach.

Il convient de donner quelques extraits du plus ancien de ces deux manuscrits, de celui de Carpentras. J'y joindrai, à certains endroits, la collation des autres mss.

MATTHIEU, XXI, 1-9.

Cum el se fos apropia de Jherusalem e fos vengu em Betfaiet al mont d'Olivet, adonca Yhesu trames dui de li sio deciple, ² diçent a lor : Ana al castel local es encontra vos e viaçament trobare l'asena lia e lo polhen cum ley. Deslia lor e amena lor a mi. ³ E si alcun dire a vos alcuna cosa, diçe car lo Segnor a besogna d'aquisti, e laysaren lor viaçament. ⁴ Mas tot aiço fo fait que fos compli ço que fo dit per lo propheta diçent : ⁵ Diçe a la filha de Sion, vete le tio rey ven a tu soau, sesent sobre l'asena e lo polhen filh de la sotejoval. ⁶ Mas li deciple anant feron enayma Yhesus avia comanda a lor ⁷ e amenceron l'asena e lo polhen, e enpauseron lor vestimentas sobre lor e feron lui seser desobre. ⁸ Mas plusor compagnia stenderon lor vestimentas en la via, mas li autre talhavan li ram de li albre e stendian en la via. ⁹ Mas las compagnias lascals derant anavan e aquelas lascals seguian cridavan diçent al filh de David : Fay nos salf. Aquel local ven al nom del Segnor sia beneit. Fai nos salf en las auteças (*).

LUC I, 1-4.

Car acerta moti se s'efforceron ¹ ordenar la reçointança de las cosas que son complias en nos, ² enayma lioreron a nos aquilh que vegron del començament e foron ministre de la parolla, ³ o noble Theophile, e lo fo vist a mi

---

(*) *Variantes du manuscrit de Grenoble :* 1 Cum Jhesu. — e fossa vengu en Bethfage. — *om.* Yhesu. — sco. — 2 Anna. — loqual (*ainsi constamment*). — trobare viaçament. — liga. — Desliga ley. — ley a mi. — 3 ha besogna de lor, e laisaren los viacament. — 5 Syon. — lo teo. — sotjoval. — 6 annant. — Jhesu. — 7 pauseron. — 8 plusors compagnias. — arbre. — 9 devant annavan e aquellas que. — Fay (*bis*).

1. *Dublin :* om. se. *Zurich :* s'esforceron.

prus curiosament totas cosas per ordre scrire a tu, ⁴que tu conoisas la verita d'aquelas parollas de lascals tu sias ensegna¹.

JEAN, I, 1-14.

Lo filh era al començament e lo filh era enapres Dio et Dio era lo filh. ²Ayso era al començament enapres Dio. ³Totas cosas son faytas per lui et alcune cosa non es fayta sença lui. ⁴Ço que fo fayt en lui era vita e la vita era luç de li ome. ⁵Et la luç luçic en las tenebras e las tenebras non compreseron lei. ⁶Home fo trames de Dio alcal era nom Johan. ⁷Aquest venc en testimoni qu'el dones testimoni del lume, que tuit cresesan per lui. ⁸El non era luç, mas qu'el dones testimoni de lume. ⁹Luç era veraya lacal enlumena tot home venent en aquest mont. ¹⁰El era al mont e lo mont fo fayt per lui, e lo mont non conoc lui. ¹¹El venc en las propias e li sio non receopron lui. ¹²Mas cal que cal receopron lui done a lor poesta esser fayt filh de Dio, aquilh lical creon al nom de lui, ¹³lical non son de sanc ni de volonta de carn ni de deleyt de baron² mas son na de Dio. ¹⁴E la parolla fo fayta carn e abite en nos e nos veguen la gloria de lui, gloria enayma d'un engenra del Payre, plen de gracia e de verita (*).

JEAN, XII, 12-15.

Mas mota compagnia lacal era vengua en l'endeman al dia festival cum ilh aguesan auvi car Yhesu ven en Jerusalem ¹³receopron rams de palmas e isiron a lui encontra e cridavan : Fay nos salf, lo rey d'Israhel local ven al nom del Segnor sia beneit. ¹⁴E Yhesu trobe asanet e sesic sobre lui enayma es scrit : ¹⁵O filha de Sion non volhas temer, vete lo tio rey ven sesent sobre lo polhen de l'asena.

(*) *Variantes du manuscrit de Grenoble :* 1 e lo filh. — e Dio. — 2 Aiço. — 3 faitas. — e (*ainsi partout*). — faita — 4 che fo fait. — 5 ley. — 6 alqual (*ainsi partout*). 7 ch'el. — de lume. — che (*ainsi partout*). — 10 fait. — 11 seo. — 12 mas quanti quanti. — potesta. — fait (*ainsi partout*). — 13 delcit. — 14 habite. — Paire.

Variantes du manuscrit de Cambridge : 1 comenczament (*de même au v.* 2). — 2 Ayczo. — 3 faictas. — e. — faicta sencza. — 4 faict. — lucz (*de même partout*). — 5 luczit. — ley. — 6 alqual (*ainsi partout*). — 7 de lume. — 9 veraia. — 10 faict (*ainsi partout*). — luy. — 12 mas quanti quanti. — 13 volurta. — deleit. — 14 habite. — Paire.

1. Ces quatre versets manquent dans les manuscrits de Grenoble et de Cambridge.

2. Voyez la note au passage correspondant du manuscrit de Lyon.

ACTES, I, 1-14.

O Theofili acerta yo fi lo prumier sermon de totas las cosa, lascals Yhesu començe a far e ensegnar entro al dia alcal el fo pres, ² comandant a li apostol lical el eylegic per lo sant sperit, ³ a lical el done si meseyme vio appareysent a lor en moti argument per XL dies enapres la soa passion parlant del regne de Dio, ⁴ ensemp manjant comande a lor qu'ilh non se departesan de Jerusalem, mas speressan l'empromession del Payre lacal vos auves e el dis per la mia boca. ⁵ Car acerta Johan baptege en ayga, mas vos sere bapteja [al] ¹ sant sperit enapres aquisti dia non moti. ⁶ Donca aquilh lical eran ensemp ajosta demanderon lui diçent : O segnor si tu restaurares lo regne d'Israhel en aquest temp? ⁷ Mas el dis a lor : A vos non es conoyser li temp ni (?) li moment lical lo Payre pause en la soa poesta, ⁸ mas vos recebre la vertu del sant sperit sobrevenent en vos e sere testimoni a mi en Jerusalem e en tota Judea e Samaria entro a la derayraneta de la terra. ⁹ E cum el aguesa dit aquestas cosas, el fo eyleva lor vesent e nivola receop lui de li olh de lor. ¹⁰ E cum ilh regardesan lui anant al cel e vevos dui baron isteron josta lor en vestimentas blancas ¹¹ lical diseron a lor : O barons galilios, perque ista regardant al cel? Aquest Yhesu local fo pres de vos al cel el venre enayma vos vegues lui anant al cel. ¹² Adonca ilh s'en retorneron en Jerusalem dal mont local es appela Olivet local es josta Jerusalem, avent lo viage del saba. ¹³ E cum ilh fossan intra en la mayson, monteron al solier al cal luoc permania Peyre, Johan e Jaco, Andrio, Felip, Toma e Bertolomio e Mathio, Jaco Alfio e Simont l'enveios e Juda de Yayme. ¹⁴ Tuit aquisti eram perseverant en l'auracion d'un coraje cum las fenas e cum Maria la mayre de Jhesu e li frayre de lui ².

ROMAINS, I.

Paul serf de Yhesu Xrist, appela apostol, departi en l'avangeli de Dio, ² local avia derant promes per li sio propheta en las santas scripturas ³ del sio filh, local fo fayt a lui segont carn del semenç de Davi, ⁴ local fo derant destina filh de Dio en vertu segont l'esperit de santificacion de la resurecion del nostre segnor Jhesu Xrist de li mort, ⁵ per local nos receopen gracia e apostola a obedir a la fe en totas las genç per lo nom de lui. ⁶ En lascals vos se appela de Yhesu Xrist, ⁷ gracia sia a tuit li ama de Dio appela sant lical son a Roma, e paç a vos de Dio lo vostre payre e del Segnor Yhesu Xrist...

¹⁶ Car yo non envergogno l'avangeli, car es vertu de Dio e salu a tot cresent, prumierament al judio e al grec. Car la justicia de Dio es revela en lui de fe en fe, enayma es scrit : Mas lo just vio de fe. Car l'ira de Dio es revela del cel sobre toto felonia e non iusticia d'aquilh home lical teron la verita de Dio en non justicia...

---

1. Deux lettres grattées.

2. On trouvera plus loin ce passage publié d'après les manuscrits de Grenoble et de Cambridge.

²⁸Car enayma ilh non proveron aver Dio en conoisença, Dio liore lor en refuda sen, qu'ilh façan aquelas cosas lascals no covenon, ²⁹replani de tota enequita, de malicia, de fornicacio, d'avaricia, de malvesta, plen d'envidia, d'omecidiis, de contençon, d'engan, de malignita, murmuradors, ³⁰detrayadors, ayrivols a Dio, ontos, supe bi, cyleva, plaçent a lor, atrobador de li mal, non obedient a li payron, ³¹ non savi, non ordena, senç atalentament, sença covenent, sença misericordia, ³²lical cum ilh aguesan conegu la justicia de Dio non la entenderon. Car aquilh lical fan aytals cosas son degne de mort, non solament aquilh lical fan lor, mas acerta aquilh que consenton a li façent (*).

HÉBREUX, I, 1-4.

Dio parlant çay enderier a li payre en li propheta mot parlivolment e per motas manieras, ²mas el parle a nos derierament en aquisti dia al sio filh, local el ordene heretier de totas cosas, per local el fe li segle, ³local cum el sia resplandor de gloria e figura de la sostancia de lui, e portant totas cosas per la parola de la soa vertu, façent purgacion de peccaç, se a la dreyta de la magesta en las auteças, ⁴fayt melhor de li angel tant cant el herete nom plus deycernivolment devant lor (**).

(*) *Variantes du manuscrit de Grenoble :* 1 apella (*ainsi toujours*). — e l'evangeli. — 2 loqual el havia devant. — seo (*toujours*). — loqual (*ainsi pour toutes les formes*). — segond. — David. — 4 devant. — del sant sperit (*om.* segont). — 5 hobedir. — 6 *om.* se. — nostre paire. — 16 vergogno. — 17 script. — 18 fellonia. — que tenon. — 28 E enayma ilh. — haver. — en sen refuda che ilh. — non se covenon. — 29 repleni. — fornicacions. — plens. — d'omecedis. — maligneta. — 30 detrahadors. — airivols. — hontos, superbis. — fleva. — pairons. — 31 ordona. — sença atalentament. — 32 aguessan. — l'entenderon. — aital. — que fan. — *om.* acerta.

Variantes du manuscrit de Dublin (d'après la copie de Herzog, reproduite par M. Haupt) : 1 apella. — 2 loqual havia devant. — *om.* sio. — 3 seo. — loqual (*ainsi constamment pour toutes les formes de ce mot*). — semencz. — David. — 4 devant. — rexuressio. — 6 apostolla. — de luy. — 6 appella. *Une ligne manque, après ce mot, dans la copie de Herzog.* — 7 pacz. — nostre paire. — 17 revella (*constamment*). — luy (*idem*). — script. — 18 fellonia. — e non. — 28 haver. — conoczencza. — non covenon. — 29 repleni. — iniquita. — fornicacion. — d'omecedis. — cuntenczon. — 30 eyrivols. — sleva. — *om.* a lor. — *om.* li (mal). — 32 aguessan. — l'entenderon.

(**) *Variantes du manuscrit de Grenoble :* 1 en dereire. — paire. — e en. — 2 seo. — fey. — 3 substancia. — parolla. — purgament de pecca, see a la dextra de la majesta. — 4 quant. — decernivolment.

Variantes du manuscrit de Dublin : 1 en dereyre. — 2 *om.* sio. — loqual (*ainsi partout*). — (*om.* el) fey. — 3 e feytura. — de luy. — parclla. — façent purgament de li pecca, see a la dreita de la magesta de luy. — etc.

On verra plus loin le texte du manuscrit de Zurich.

Tous les livres, avons-nous dit, sont accompagnés, dans les mss. de Carpentras et de Dublin, de préfaces ou d'arguments. Plusieurs de ces introductions ne paraissent pas s'être rencontrées jusqu'à présent dans les mss. latins, ce sont les préfaces des Epîtres catholiques, qui sont du reste, en partie du moins, suivies de la traduction des arguments traditionnels. Ayant indiqué les premiers mots de chacune de ces préfaces dans la description du manuscrit de Carpentras, je me borne à donner ici, d'après ce ms., le commencement du prologue de l'Epître de saint Jacques.

Nos legen que grant perseguecio fo fayta en la gleysa lacal era en Jerusalem enapres la mort d'Esteve, e tuit foron spars per las regions de Judea e de Samaria stier li apostols. Donca Jaco tramet la pistola a aquilh spars lical sostenian per justicia, e acerta scris a aquilh lical avian receopu la fe de Xrist non se curavan d'esser perfeyt per obras... (suit l'analyse de l'Epître)[1].

Je réserve l'étude des livres sapientiaux, tels qu'ils sont en grande partie conservés dans nos mss., pour le moment où nous aurons passé en revue toutes les copies de la Bible vaudoise. C'est alors aussi que la comparaison de la Bible vaudoise avec le texte latin trouvera sa place.

VI. — LES BIBLES DE GRENOBLE ET DE CAMDBRIGE

Les deux mss. dont nous avons à nous occuper maintenant sont à peu près du même temps et leur texte est le même. Mais un des deux est complet et l'autre n'est qu'un abrégé.

La bible vaudoise de Grenoble contient tout le Nouveau Testament, suivi des douze premiers chapitres des Proverbes, de l'Ecclésiaste, des dix premiers chapitres de la Sapience et des quinze premiers de Sirach, ainsi que du Cantique des Cantiques, dont les rubriques ne sont pas les mêmes que dans le ms. de Carpentras. On trouve en tête de chaque livre une préface ou un argument, mais ces petits morceaux ne sont pas traduits de même que dans la bible de Carpentras; leur texte

---

1. Fin : ...« en recebament de personas. » Suit l'argument traduit du latin : « Jaco e Peyre e Johan... » Fin : « en las leyçons de lor. »

latin est celui qui se rencontre, depuis le milieu du xiiie siècle, dans presque tous les mss. de la Vulgate. L'écriture paraît être des environs de l'an 1400, ou plutôt des premières années du xve siècle. Nous parlerons plus tard du lectionnaire qui est copié d'une main postérieure à la fin du manuscrit.

Le fragment de Cambridge a été retrouvé par le regretté Bradshaw au milieu d'une collection de manuscrits vaudois rapportés par sir Samuel Morland, commissaire de Cromwell auprès du duc de Savoie. Le commencement et la fin manquent, ainsi que beaucoup de feuillets arrachés en divers endroits, mais le Nouveau Testament n'a jamais été complet : l'Evangile de saint Marc fait défaut, de même que celui de saint Luc, excepté le commencement, ainsi que l'Epître aux Romains, la deuxième aux Corinthiens, la deuxième aux Thessaloniciens et l'Epître à Philémon. La première aux Thessaloniciens n'est représentée que par ses premiers mots, qui subsistent par une sorte de « repentir » ; de l'Epître aux Hébreux on ne lit que le chapitre xi, qui est suivi du vi^e chapitre des Proverbes et des chapitres v et vi de la Sapience. On ne peut savoir si le ms. contenait l'Apocalypse. On n'y voit ni préfaces ni arguments. En un mot, nous avons ici l'abrégé d'un original qui ressemblait fort au manuscrit de Grenoble. L'écriture semble indiquer le commencement du xve siècle.

Dans toutes les parties qu'il a conservées, le texte de Cambridge présente, avec celui de Grenoble, un accord parfait et qui s'applique même aux fautes de copie et aux erreurs. Ce texte se rattache étroitement à celui des manuscrits de Carpentras et de Dublin, ainsi que l'on va voir en comparant, à un des passages qui ont été reproduits plus haut, les premiers versets du livre des Actes, d'après Grenoble. Nous ajoutons la collation du ms. de Cambridge.

O Theophile, acerta yo fey lo prumier sermon de totas las cosas lasquals Jhesu comence far et ensegnar ²entro al dia alqual el fo pres, comandant a li apostol liqual el eslegic per lo sant sperit, ³aliqual el done si mescyme vio aparcissent a lor en moti argument enapres la soa passion per. xl. dies e parlant del regne de Dio ⁴e ensemp manjant comande a lor qu'ilh ne se departessan de Jerusalem, mas speitessan l'empromession del Paire, laqual vos auves, el dis, per la mia bocha. ⁵Car Johan babteje en aiga, mas vos sere bapteja al sant sperit enapres aquisti non moti dias. ⁶Donca aquilh que se eran ajosta demandavan lui dizent : O segnor, si tu restaura[ra]s lo regne en aquest temp? 7Mas el dis a lor : De vos non es aver conegu li temp ni li moment liqual lo Paire pause en la soa poesta, 8mas vos receb[r]é le vertu del sant sperit sobrevenent en vos e sere a mi testimoni en Jerusalem e en tota Judea e Samaria e entro en la derairaneta de la terra. 9E cum el agues dit aquestas cosas, el fo esleva lor vesent, e nivola receop lui de li olh de lor. 10E cum ilh regardessan lui annant al cel, e vevos dui baron isteron josta lor en vestimentas blancas, liqual disseron : O barons Galileos, per que ista regardant al cel (*) ?

J'ai pris cet exemple dans le livre des Actes, pour avoir l'occasion de faire remarquer un fait singulier, sur lequel s'était déjà portée l'attention de Herzog et de M. Reuss. L'identité des textes, que nous avons relevée, cesse subitement au milieu du chapitre XVI[1], et alors commence, dans les mss. de Grenoble et de Cambridge, une version nouvelle qui n'est en réalité qu'une paraphrase. On va en juger. Je me bornerai à dire que le texte latin qui a servi de base à cette mauvaise traduction de la fin du livre des Actes est un texte de basse époque, sans aucun caractère méridional. La traduction elle-même est sans valeur; ce n'est probablement qu'un essai malencontreux afin de combler une lacune de quelques feuillets dans un ms. mutilé. J'en vais citer quelques-uns des passages les plus paraphrasés (je mets en italique les mots qui ne sont pas dans le latin) :

Act., XVII, 19. E prenent lui meneron lui a *aquella contraa laqual es dicta Ariopago, car aqui se adorava lo dio Mars...* 22Adonca Paul se leve al meç de lor e dis : O *segnors e* homes Atheniencs, *yo consederant li vostre fait e li vostre studi*, yo ve che al postot vos se supersticios *e van*, e *have entre vos diversas sectas e opinions, e divers temples o* ydolas, *e divers dios*, 23liqual yo annant vesent atrobey un autar que era sobrescript : *Aquest es l'autar* del Dio non conoissu. Dont sapia che aquel Dio non conoissu es aquel que yo predico a vos...

XX, 29. Car yo say che pois che yo me serey parti, lo intraren en vos lops rapaz, *ço es homes hereges, fals e ambicious, que non cercaren sinon de devorar vos e* non perdonaren al greç.

(*) *Variantes du manuscrit de Cambridge :* començe far e. — 2 eslegit. — sanct. — 3 dias. — 4 boca. — 5 ayga. — sanct. — 7 haver. — posta. — 8 dereiraneta. — 9 eleva.

1. A partir du verset 9 du chapitre XVI, le « nous » est remplacé par « ilh » et la paraphrase semble commencer (v. 16 : « laqual havia sperit Phiton, ço es endevinava per obra del diavol, » etc.).

— 34 : *Mas sapia che yo hay viscu de la fatiga de las mias mans, e encara ay nuri aquilh que son cum mi.* 35 *Yo me soy studia en totas cosas donar a vos bon exemple, maximament, che lo coven lavorar, e recebre e suportar e nurir li paure e li enferm de l'arma e del cors.*

XXI, 8 : *E intren en la meison d'aquel Felip loqual era un de li sept diaque, delqual nos haven parla desobre, loqual bapteje lo castra de la reyna de Ethiopia.*

XXVI, 23 :... *autresi non coma Moyses e li autre propheta han devant dit e pronuncieron que devia venir, ço es de l'encarnacion e passion de Xrist.*

VII. — LE NOUVEAU TESTAMENT DE ZURICH

Il existe une dernière copie du Nouveau Testament vaudois, qui n'est pas la moins remarquable de toutes, à laquelle toutefois je ne pourrai consacrer ici que quelques lignes. En effet, je l'ai vue plus rapidement que les autres, en 1883, lorsque je m'occupais peu des versions méridionales de la Bible. Mais, surtout, tout ce qu'il y avait lieu d'en dire, ou à peu près, a été si bien dit, qu'il serait parfaitement superflu d'y revenir.

Ce ms., qui a été donné en 1692 à l'Université de Zurich par Guillaume Malanot, pasteur d'Angrogne dans les Vallées vaudoises, avait appartenu d'abord à un habitant de la vallée du Pragela, qui était terre du Roi. Il ne contient que le Nouveau Testament, sans préfaces ni arguments, et il est écrit de cette écriture ronde italienne qu'il est si difficile de dater. M. Reuss a démontré qu'il a été copié sur un original retouché d'après la Bible d'Erasme. Il n'est donc pas antérieur à 1516, année où parut la première édition d'Erasme; il est même probable qu'il ne remonte pas plus haut que 1522, puisqu'on y lit le passage des « trois témoins du ciel » (I Jean, v, 7), qu'Erasme a inséré en cette année, de sa propre autorité, dans le texte grec. Du reste, nous savons qu'en 1522 les Vaudois faisaient encore copier le vieux texte traditionnel. Il est permis de penser que notre manuscrit n'est pas plus ancien que l'année 1530, époque à laquelle les Vaudois du Piémont se sont rapprochés des protestants et ont ouvert les yeux à la théologie des réformateurs et en même temps à la critique.

Ce n'est pas trop dire que de parler ici de la critique. C'est le synode d'Angrogne, tenu en 1532, qui le premier a eu la pensée de faire traduire la Bible en français d'après les textes originaux. On sait que Pierre-Robert Olivétan, qui fut chargé d'accomplir ce travail aux frais des Vaudois, était un des meilleurs hébraïsants de son temps, et en tête du beau volume de sa traduction, imprimée en 1535, à Serrières, près de Neuchâtel, on lit un petit poème où les initiales de tous les mots forment cet acrostiche :

> Les Vaudois, peuple evangelicque,
> Ont mis ce thresor en publicque.

La dissertation que M. Reuss a consacrée à l'étude de ce manuscrit[1] est un travail achevé et demeurera comme un des modèles les plus parfaits de la critique des textes, et tel que pouvait seul l'écrire le savant qui devait, vingt ans plus tard, publier la *Bibliotheca Novi Testamenti graeci*. Non seulement M. Reuss cite de très nombreux passages qui sont évidemment traduits du texte grec et non du latin, mais il nous montre les « doublets » qui attestent la juxtaposition des deux leçons. J'en donnerai deux exemples.

JACQUES, III, 7. Vulgate (tous les manuscrits connus, sans exception) : *caeterorum*. Dublin : « de las autras. » grec : ἐναλίων. Zurich : « de li peyson e de las autras. »

GALATES, IV, 31 (juxtaposition des deux textes latin et grec). Zurich : « ...per laqual franqueta Crist afranque nos. Donca sia ferm en la liberta per laqual Crist nos ha desliora. »

On voit ici, par la manière différente dont sont traduits les mots *libertas* et *liberavit*, qu'il n'y a rien de commun entre celui qui a fait la traduction et celui qui l'a corrigée.

M. Reuss a spécialement comparé l'Apocalypse de Zürich avec le Nouveau Testament d'Erasme. C'est, de tous les livres de la Bible, celui qu'Erasme a le plus mal publié. Or le texte spécial d'Erasme, avec ses erreurs caractéristiques, se retrouve dans notre manuscrit vaudois. M. Reuss en a donné différentes preuves. Il suffira d'en reproduire une. Au ch. II, v. 13, on lit dans le texte officiel de la Vulgate : « *in diebus illis;* » dans toutes les éditions et les manuscrits du grec : ἐν ταῖς ἡμέραις sans plus, ἐν ταῖς ἡμέραις αἷς ou ἐν αἷς (αἷς est le texte reçu depuis

---

1. *Revue de Théologie*, t. VI (1853), p. 80 et suiv.

Estienne). Seul Erasme imprime ἐν ταῖς ἡμέραις ἐμαῖς avec le ms. qui lui sert de modèle et avec une note sur la marge d'un autre manuscrit, que son nom suffit à dénoncer à notre défiance : c'est le trop fameux *codex Montfortianus*, de Dublin, connu par l'intrusion du passage apocryphe des « trois témoins ». Le manuscrit de Zurich a la leçon d'Erasme : « en li meo jorn. »

Je n'ajouterai qu'un mot aux développements qu'a donnés M. Reuss : l'original (le texte non corrigé) du ms. de Zurich semble être descendu de l'ancêtre commun des mss. de Dublin et de Grenoble. Notre ms., tout corrigé qu'il est, peut donc à la rigueur servir à l'établissement du texte vaudois.

Comme spécimen de la langue du ms., aussi bien que comme exemple des corrections que le texte a subies, j'imprimerai ici, d'après M. Reuss, les premiers versets de l'Epître aux Hébreux. Je mets les corrections en italique.

Dio parlant czay en dereyre a li payre *e a* li propheta mot parlivolment e *en* motas manieras, ²mas el parle a nos derierament en aquisti *jorn* al seo filh, loqual el ordene heretier de totas cosas, per loqual *fey* lo segle, ³loqual cum el sia resplandor de gloria e *expressa eymagena* de la sustancia de luy, e portant totas cosas per la parolla de la soa vertu, *loqual havent fait per si meseyme la* purgacion *del nostre* pecca, sec a la dreyta de la majesta en las auteczas, ⁴fait melhor de li angel tant quant el herete nom plus decernivolment derant lor.

M. Salvioni doit publier intégralement le Nouveau Testament, d'après le manuscrit de Zurich, dans le tome XI de l'*Archivio glottologico* de M. Ascoli[1]. Il est permis de s'étonner qu'on ait choisi, pour cette publication, un texte retouché et le plus récent des manuscrits. On voit par là combien il était nécessaire qu'il fût fait une revue générale de tous les textes et de tous les manuscrits.

VIII. — DE L'ORIGINE ET DU CARACTÈRE RELIGIEUX DES BIBLES VAUDOISES

Les manuscrits vaudois méritent-ils réellement ce nom ? Sont-ils vaudois autrement que par la langue ? C'est là une

1. Voir W. Foerster, *Gött. gel. Anz.*, 1888, p. 798.

question très complexe et qui ne peut pas être tranchée par un mot. Nous arriverons peut-être à un peu plus de clarté sur ce point en nous demandant : 1° si la Bible en dialecte vaudois a vraiment servi à l'usage religieux des Vaudois, et 2° si elle présente quelques allusions, soit à la doctrine des Vaudois, soit à quelque autre hérésie.

Il nous importe d'abord de savoir de quelles mains nous sont venus les manuscrits vaudois. Pour cela, quelques notions de topographie nous sont nécessaires.

Depuis le xvi° siècle, ce qui reste des Vaudois est concentré dans deux groupes de vallées des Alpes, qui ne sont séparés l'un de l'autre que par quelques cols. Du côté de la France, les vallées dauphinoises de Freyssinières et du Queyras sont le siège d'un groupe peu important ; mais le véritable centre de l'Eglise des Vaudois, aujourd'hui rattachée au protestantisme, ce sont les vallées dites « Vallées vaudoises du Piémont. »

Deux vallées se rencontrent en aval de Pignerol, celles du Pellice et de son affluent le Cluson. Le Val-Pellice, dont le bourg de la Tour est le centre, se compose des vallées de Luserne et d'Angrogne ; quant au Cluson, il reçoit sur la droite les eaux qui arrosent le Val-Saint-Martin. Depuis 1696, le Val-Cluson appartient en entier à la maison de Savoie ; auparavant la frontière dauphinoise se trouvait au Bec-Dauphin, laissant à la France, avec la forteresse de Fénestrelle, tout le haut cours de la rivière, appelé Val de Pragela. Le Val Saint-Martin et le Val-Pellice sont en rapport avec le Queyras par des chemins de mules, tandis que le Pragela communique avec Briançon par le col de Sestrière et celui du Mont-Genèvre ; c'est le passage le plus facile du Dauphiné aux vallées vaudoises. Le partage de cette vallée entre deux autorités a toujours procuré aux Vaudois qui y faisaient leur résidence une immunité relative ; il est donc naturel que le plus grand nombre des manuscrits vaudois qui nous sont parvenus proviennent du Pragela, d'autant plus qu'une partie d'entre eux ont été recueillis par un ministre dauphinois ; au reste, le Pragela se rattachait religieusement, non pas aux Eglises des Vallées, mais aux synodes dauphinois. Quant à dire à quelle époque remonte l'établissement des Vaudois dans leurs vallées, personne sans doute ne le pourrait. Il nous suffit de savoir que, depuis les dernières années du xiii° siècle, on les y trouve installés en nombre et que, dès 1332, ils étaient en état de se défendre contre l'Inquisition, qui était établie, dès avant 1297, dans le val de Pérouse, c'est-à-dire dans le bas du Val-Cluson.

Voici maintenant comment les principales collections de mss. vaudois ont été formées.

Les sept mss. vaudois qui sont à *Trinity College*, Dublin, c'est-à-dire à la bibliothèque de l'Université de cette ville, et dont aucun n'est plus ancien que le XVIe siècle, ont été acquis, en 1634, ou peu avant, par l'illustre archevêque Ussher ; ils provenaient de J. P. Perrin, ministre à Nyons en Dauphiné. Ces manuscrits avaient été recueillis en la vallée du Pragela, terre du Roi, et envoyés par le synode des Vallées à Perrin, pour en tirer son *Histoire des Vaudois*, parue en 1618[1]. Je ne me souviens pas d'y avoir remarqué aucune indication particulière de provenance.

La bibliothèque de l'Université de Cambridge possède six mss. vaudois ; ils y ont été déposés en août 1658, par sir Samuel Morland, commissaire de Cromwell auprès du duc de Savoie. Morland les avait reçus de l'historien Jean Léger, modérateur des Eglises des Vallées, qui avait été pasteur à Saint-Jean dans le val de Luserne[2]. Plusieurs d'entre eux portent une indication de lieu. Le ms. *A*, qui contient la traduction des neuf premiers chapitres de la Genèse et divers traités, montre au commencement, avant la dédicace de J. Léger à Morland, cette signature du XVIIe siècle : « *Benjamin Clemens Valclusonnensis possessor.* » Le volume *E*, de 1519 et 1521, vient de Fénestrelles. Le ms. *B*, qui renferme la *Nobla Leyczon* et les *Treçenas*, c'est-à-dire les Evangiles et Epîtres des dimanches et fêtes, porte au dernier feuillet, avant la dédicace de J. Léger, qui est accompagnée de la date de 1656, ces mots : « Albert possesseur, » et au f° 124 v° : « *Iste liber est meus qui vocor David Prinus, Subiascensis origine.* » Le nom de Prin se rencontre encore fréquemment aujourd'hui dans les

---

1. Perrin, t. I, p. 57 et suiv. ; J. Léger, *Hist. gén. des Eglises vaudoises*, t. I, p. 24.

2. Léger, t. I, p. 21 et suiv. Antoine Léger, qui est nommé comme ayant contribué à remettre à Morland les mss. vaudois, est l'oncle de l'historien, professeur à Genève et son prédécesseur comme pasteur de Saint-Jean.

vallées vaudoises, et Subiasc est un des vallons les plus reculés du val de Luserne. Le plus ancien des mss. de Morland, la Bible (manuscrit *F*), qui a passé, comme les autres, par les mains de Léger, ne porte pas sa signature. On y lit, en tête du volume, au feuillet que Bradshaw a numéroté 154, la dédicace suivante :

« A Monsieur de Morland, commissaire extraordinaire du sérénissime Protecteur Cromuel de la République d'Angleterre, Escosse et Irlande, par son très obéissant serviteur Bellon. » Ce Bellon est peut-être le même qui a signé en patois italien : « *Michaele Belione computature,* » dans l'attestation donnée, en 1661, à J. Léger par son église de Saint-Jean (*Histoire générale,* t. II, p. 383). S'il en est ainsi, le ms. provient de la paroisse [même de Léger, au val de Luserne. La bible signée Bellon ne paraît pas être celle que Jean Léger raconte, à la page 25 du volume Ier de son *Histoire,* avoir trouvée « dans les montagnes de la Vallée de Cluson », puisqu'il l'avait encore en mains peu avant 1669. Je ne parle pas des trois mss. vaudois de Genève, dont la provenance est assez obscure et dont aucun ne contient la Bible. De tout ce qui précède, il résulte que les manuscrits vaudois de nos deux principales collections forment un ensemble très bien groupé localement, où semblent représentées les diverses vallées des Alpes vaudoises, et provenant pour une grande part tant du Pragela que du Val-Cluson, qui n'est que la partie inférieure de la même vallée.

C'est encore au Pragela que nous ramène le Nouveau Testament de Zurich, qui a été, comme on l'a vu, donné à l'Université de cette ville, en 1692, par un ministre d'Angrogne. Ce ms. porte en deux endroits des signatures en partie effacées (on les trouvera dans la description du manuscrit). L'une d'elles, au f° 239 v°, est parfaitement lisible : « Jehan Jajmo, de Laval di Pragella. » L'Aval est un des hameaux les plus reculés du Pragela.

Après ces manuscrits, connus depuis des années ou des siècles et dont la provenance vaudoise n'a jamais été sérieusement contestée, il nous reste à examiner ceux des manuscrits en dialecte vaudois qui sont conservés en France[1]. L'un d'eux est

---

1. Ph. de Marnix, au tome Ier de son *Tableau des Differens de la Religion*

un recueil de traités qui a été récemment acquis par la bibliothèque municipale de Dijon; il y porte le n° 195[1], et M. Ed. Montet l'a décrit à la suite de son édition de la *Noble Leçon*. Il paraît écrit au XVe siècle et il ne nous intéresse en ce moment que par sa provenance : il a été acheté à Anduze, en 1659, par un nommé Ranchin[1]. C'est le seul ms. vaudois qui nous vienne du Languedoc. Abordons maintenant l'étude des bibles de Grenoble et de Carpentras.

On ne sait rien de la provenance du ms. de Grenoble, sinon qu'il vient de l'évêque Caulet, mort en 1771. Mais au ms. est annexé un cahier de papier, plus jeune d'au moins cinquante ans, où se trouvent copiées diverses pièces que nous devons examiner.

Après une table des Evangiles et Epîtres sur laquelle nous allons revenir, le ms. contient un traité : *De las oyt benayranças scriptas cum breveta.*

Li paure per sperit son benayra, car lo regne de li cel es de lor meseymes. Aquesta prumiera es paureta de sperit e es vertu laquel fay l'ome despreçiar totalment fli ben de fora ch'el se poissa ajostar plus librement a la divina contemplacio.... La 7ª es paç, e es vertu per laqual lo effet de la pensa es totalment conjoynt a Dio enayma a summo ben, enaysi qu'el non quar alcuna autra cosa fora lui meseyme, etc.

Suit une sorte d'oraison dominicale glosée en vers :

$$
\textit{Pater noster} \left\{ \begin{array}{l} \text{aut en creacion} \\ \text{soau en amor} \\ \text{ric en heredita} \end{array} \right.
$$

(Leyde, 1599, in-8°), cite à la page 195 un certain nombre de traités vaudois écrits « en l'ancienne langue provençalle et de Languedoc », et il ajoute dans une note : « Ces livres se trouvent en parchemin, écrits à la main de fort ancienne lettre, en la bibliothèque du sieur Josèphe de la Scale et entre les mains de divers ministres des vallées d'Angrogne et du sieur de Sainct-Ferreol, ministre d'Oranges. » Peut-être ne serait-il pas impossible de retrouver quelques-uns des manuscrits de Ph. de Marnix dans nos collections de documents vaudois.

1. S'agit-il de François Ranchin, « chancelier de l'Université de médecine, » qui donna, le 2 janvier 1622, aux capucins de Montpellier une des bibles languedociennes auxquelles nous avons fait allusion plus haut, le manuscrit *Harléien* 4772 et 4773 ? Le nom de la famille Ranchin était célèbre à Montpellier.

Qui es in celis { spelh de benayranca
corona de alegreca
tresor de eternita

Sanctificetur nomen tuum.

Ch'el sia { mel en la bocha
soau en l'aurelha
goy al cor....

Enfin les dernières pages contiennent un extrait du chapitre XXVII des Nombres sur le mariage lévitique. On ne tirerait pas grand'chose de ces textes au point de vue de la doctrine. Sans nous y arrêter, nous passons à l'étude du tableau des Evangiles et Epîtres. Il commence ainsi :

Ayci comença lo registre de li euvangeli e de las epistolas per lo cercondament del an, e prumierament en l'avenament del Segnor, prima dominica.

Dominica 1ª, Epistola Romanorum 13 : Sabent aquest temp, car hora es ja nos, etcª. *F[ins] :* Yhesum Cristum. *Evangeli M[atio] 21 :* Cum Jhesu se fossa apropia, etcª. *F[ins] :* aquel que ven al nom del....

Je ne donnerai pas de plus longs extraits de ce lectionnaire. Je dirai seulement que, pendant des mois entiers, M. Paul Fournier et moi, nous avons cherché en vain, dans le propre de tous les diocèses du midi de la France et de l'Italie, l'explication des singularités qu'il présente. Enfin, me disant qu'un calendrier ou un livre d'église n'a pas de secret pour un véritable liturgiste, j'eus l'idée de consulter M. l'abbé Misset et le lendemain je reçus de lui une lettre dont je citerai une grande partie. Elle le mérite et le sujet en vaut la peine.

D'abord, sans aucun doute, ce que le manuscrit contient provient d'un pays d'Empire. La fête de la sainte Lance démontre la chose à n'en pas douter. J'ai vu à peu près tous les missels manuscrits conservés dans les bibliothèques de Paris. Deux seulement contiennent la prose *de lancea et clavis :*

Hodiernæ festum lucis.

L'un est un missel de Leyde, le second un missel de Cologne.

2º Une seconde preuve que le manuscrit de Grenoble vient (pour le fond) des pays allemands, c'est qu'il renferme la fête de la Division des Apôtres. Cette fête aussi avait une prose inconnue en France et très célèbre en Suisse, en Allemagne, en Autriche, etc., le

Cæli enarrant gloriam Dei.

3º N'est-il pas possible de préciser davantage ? L'évangile sans attribution qui se lit entre celui de saint Matthieu, 21 septembre, et celui de saint Michel, 29 septembre (« *Si alcun vol venir enaprès mi...* »), ne peut être que l'évangile de saint Wenceslas, dont on célèbre la fête le 28 septembre. C'est encore cet évangile qui se lit au missel romain ce jour-là, seulement il n'est pas extrait de saint Luc, IX, 23, mais de saint Matthieu, XVI, 24. Sur ce point encore le doute est impossible. Or, avec saint Wenceslas dans une liste de fêtes « majeures », nous sommes immédiatement transportés en Bohême, à Prague. La conclusion, pour être inattendue, n'en est pas moins certaine à mon avis.

4° Si nous regardons les saints non bibliques mentionnés dans la liste que vous me communiquez, nous trouvons saint Nicolas, saint Vit et saint Georges. De saint Nicolas on ne peut rien conclure, il est universel. En est-il de même pour saint Vit et pour saint Georges? Heureusement non. Saint Georges a une prose spéciale, comme saint Wenceslas, dans le missel de Prague, de 1507. Elle a été éditée par Kehrein et débute par :

Hoc in natalitio.

Or une prose spéciale nous indique un culte spécial. Le même fait se reproduit pour saint Vit. Son corps, qui reposait primitivement à Saint-Denis en France, fut transporté solennellement à Corvey, dans la Saxe, en l'an 836. Saint Wenceslas, duc de Bohême, en obtint quelques ossements pour Prague, et aujourd'hui la cathédrale de cette ville (1344-1385) lui est consacrée. Kehrein a publié, d'après le *Missale Pragense* de 1507, la prose que l'on y chantait en son honneur :

Christum supplici omnes corde precemur.

5° Ce n'est pas tout. La fête de la Visitation n'a pas été acceptée dans certains diocèses sans de grosses difficultés. Un frère mineur, Wiler, dans une lettre adressée à Wimpheling (19 juillet 1498), en demande la suppression pour une raison assez curieuse. C'est que l'office de cette fête a été composé par un archevêque de Prague et que de son temps à lui, Wiler, les Bohémiens sont des hérétiques. L'archevêque, sans doute, ne l'était pas, mais cela peut troubler les esprits (*catholicae quidem fidei assertor, sed ei genti, quae nunc perfidia haeretica maculatur, praefuit, quod non mediocriter posset animos nonnullorum turbare.* Vous trouverez la lettre en tête des *Castigationes* de Wimpheling). Or cet évêque de Prague n'est autre que Jean de Jenstein (1379-1396). Il était de l'obédience d'Urbain VI. Il a composé sur le grand schisme une pièce où on lit :

Si vis urbanus fieri, Urbanum profitere;
Fuge tortosum colubrum, antipapam sincere.

Donc l'office de la Visitation, lui aussi, nous ramène à Prague, et les deux proses de cette fête,

Decet hujus cunctis horis,

et

Ave verbi Dei parens,

ne se trouvent primitivement que dans les missels de ce pays.

6º Si maintenant nous nous reportons à un missel de Prague, la conclusion s'impose de plus en plus. Tous les saints dont vous me donnez la liste se trouvent dans ce missel (exemplaire de 1498, Bibliothèque nationale), de la page 39 à la page 119. La messe *de angelis*, *de spiritu sancto*, *de caritate*, s'y trouve également (pages 146 à 147). Il y a plus. Dans tout le missel on lit des épîtres et des évangiles propres pour la *feria IV* (le mercredi) et la *feria VI* (vendredi). Donc, pour le fond, le lectionnaire de Grenoble reproduit un lectionnaire de Prague, ce qu'il fallait démontrer.

J'ai repris aussitôt l'examen que M. l'abbé Misset avait si rapidement mené à bien et, aux évangiles qu'il avait déterminés, je n'en ai trouvé qu'un à ajouter, c'est celui de l'office de saint Willibrord (Marc, x, 25), qui est aussi particulièrement vénéré dans le diocèse de Prague.

La découverte de M. l'abbé Misset est de la plus grande importance. D'abord le caractère vaudois (ou, si l'on veut, hussite) de notre manuscrit est mis hors de doute, mais surtout nous voyons, plus clairement encore que jusqu'à présent, que l'une et l'autre secte étaient fondues au point que les Vaudois fêtaient, peut-être sans le savoir, les saints du diocèse de Prague. Quant à ceux qui ont traduit le lectionnaire, ils se rendaient parfaitement compte de son origine et de son caractère, car ils ont effacé les noms des saints les plus spécialement bohêmes en laissant subsister les leçons de leurs fêtes. Je n'ai pas à apprendre au lecteur que la littérature vaudoise, à partir de l'an 1450 environ, est bohême jusqu'à la moelle des os. Dès 1432, le 26 février, l'Assemblée du clergé de Bourges dénonce, dans ses *Advisamenta*, les montagnards du Dauphiné comme se cotisant pour soutenir les Bohêmes.

Item nonne etiam in Delphinatu est quaedam portio inter montes inclusa, quae erroribus adhaerens praedictorum Bohemorum, jam tributum imposuit, levavit et misit eisdem Bohemis[1].

En évangélisant les Vaudois du Midi, les Bohêmes ne faisaient que payer une dette, car il y a toute une littérature sur l'influence que les Vaudois ont exercée en Bohême[2]. Je me

---

1. Mansi, t. XXIX, p. 402.

2. Fr. Palacky, *über die Beziehungen und das Verhaeltniss der Waldenser zu den ehemaligen Secten in Boehmen*, Prague, 1869; Herm. Haupt, *Die religiösen Sekten in Franken*, Würzbourg, 1882; le même, *Husitische Propaganda in*

bornerai à rappeler qu'en 1418, quarante « picards », chassés de leur patrie pour la Parole de Dieu, étaient arrivés avec leurs femmes et leurs enfants à Prague, où, à ce qu'ils avaient appris, la Parole de Dieu était libre. La reine Sophie les visitait dans leurs maisons et pourvoyait, avec d'autres riches, à leurs besoins. « *Raro tamen visitabant divina, nec visi sunt sub duplici specie sacramentaliter communicare, nec proprium secum habebant presbyterum, sed solum quemdam virum latinum, qui in eorum linguagio libellos eis legebat* [1]. » Je ne me serais pas pardonné de ne pas citer ici ce passage, qui nous permet de croire que la Bible vaudoise a fait le voyage de la Bohême avec les émigrés vaudois.

Après cette longue dissertation sur l'origine vaudoise du manuscrit de Grenoble, je ne dirai plus qu'un mot de celui de Carpentras.

Ce manuscrit est le plus ancien de tous et nous n'en pouvons pas affirmer l'origine vaudoise. Pourtant il y a lieu de penser qu'il a été entre les mains des Vaudois et voici pourquoi.

A la fin de ce ms. une main qui, suivant les apparences, est du XVe siècle, a écrit en un italien imprégné de patois local les mots que voici :

Li libre que non se troban canonica son aquisti :
Il libro de Baruch,
Il libro di Tobia,
Il libro di Judith,
Il libro di Sapiencia,
Il libro de lo Ecclesiastico, l'actore del qual e Jesu judeo filiolo di Syrach,
Il libro primo de Maccabey,
Il libro secondo de Maccabey.

Si ces lignes sont du XVe siècle, il faut admettre qu'il s'est trouvé à cette époque, sur la frontière des Alpes, un homme qui avait deviné les idées de Luther et de Carlstadt sur le canon biblique. Matériellement, la chose n'est pas impossible. En effet, il pouvait suffire à un homme à l'esprit éveillé de lire avec soin

---

Deutschland (*Hist. Taschenbuch*, 6e série, t. VII, 1888, p. 235); W. Preger, *Das Verhaeltniss der Taboriten zu den Waldesiern*, 1887 (extrait des *Abhandlungen* de l'Académie de Munich); Jar. Goll, *Mitth. des Instituts f. oesterr. Geschichtsforschung*, t. IX, 1888, p. 326.

1. Laurent de Brezowa, cité par Palacky, p. 20.

les Préfaces de saint Jérôme, et particulièrement celle des livres de Salomon, qui est traduite dans le même manuscrit, pour y trouver ce qu'y ont vu les réformateurs[1]. Mais, sans attacher d'importance au fait que le livre de Baruch ne se trouve pas mentionné dans la préface de saint Jérôme, je dirai que ce précurseur inconnu aurait eu là une idée que n'a pas eue tout le Moyen Age, et qu'il l'aurait exprimée dans des termes qui rappellent, au moins vaguement, la Confession de foi des Vaudois, attribuée faussement à l'an 1120 et qui est en réalité de 1532, car elle est tirée de la correspondance d'Œcolampade, le réformateur balois[2].

Il serait superflu de vouloir prouver que la Bible vaudoise a réellement été en usage parmi les Vaudois. Les citations bibliques dont sont remplis les « Articles de la Fe », les « Interrogacions menors », les « Tribulacions », et les « Sept Sacrament », sont évidemment empruntées à un texte absolument identique, en particulier, avec celui du ms. de Carpentras, avec lequel je les ai comparées[3]. Quant au lectionnaire hussite, c'est-à-dire vaudois, du manuscrit de Grenoble, auquel il nous faut revenir pour un instant, les premiers mots des évangiles et épîtres qui sont reproduits dans ce texte ne sont pas copiés directement d'après le manuscrit même de la Bible que le lectionnaire accompagne; ils semblent être pris à la fois sur un lectionnaire latin et sur un autre manuscrit vaudois qui ressemblait beaucoup à celui-ci. Dans le ms. *B* de Cambridge, qui contient les premiers vers de la *Nobla Leyczon*, on lit, au f⁰ 124 v⁰, les « Treçenas ». Ce sont encore les évangiles et les épîtres des dimanches et des fêtes, ou du moins les premiers mots de ces textes[4]. J'en citerai le commencement :

---

1. Cette préface est en partie reproduite au dernier chapitre de cette étude.

2. Léger, t. I, p. 93 : « Ara s'ensegon li libres apocriphes liqual non son pas reccopu de li Hebrios... » La liste de 1532 est plus complète, elle comprend non seulement les livres « deutérocanoniques », mais les apocryphes proprement dits. Comparez Reuss, *Hist. du Canon*, 2ᵉ éd., p. 282, et *Revue de Théologie*, t. II, p. 327.

3. Voyez déjà, à cet égard, Gilly, p. XXXIX et suiv., et Herzog, p. 103 et suiv.

4. Les Vaudois tenaient évidemment beaucoup aux évangiles et aux épîtres des dimanches et des fêtes. Dans le manuscrit de Grenoble, les évangiles sont

Deo gracias amen. La prumiera dyamenia, pistola Ro. xiij. c. O frayre, sabent aquest temp, car hora es ja nos levar del son, car la nostra salu es ara plus pres que cant cresen. *Evangeli segont Luc. xxj. c.* En aquel temp Jhesu dis a li sio disciple : Ensegnas seren al solell e en la luna e en las stelas et apremement de gent per las terras.

Quelques fragments sont plus longs que ceux-ci [1], ainsi, au f° 30, la leçon d'ACTES, II : c'est exactement le même texte qui se lit dans la bible de Cambridge.

Cette surabondance de preuves de l'usage que les Vaudois ont fait de la bible qui porte leur nom n'établit nullement que cette traduction soit leur œuvre. A cet égard il faut nous résigner à rester dans une incertitude absolue.

Il en est, en effet, de la Bible vaudoise comme de la Bible provençale. Bien habile serait celui qui dirait quelle en est la théologie et quel en a été le traducteur. On a pensé y trouver quelques traces de dualisme et comme un écho des doctrines cathares [2]. La version vaudoise, a-t-on dit, paraît éviter le mot de « création » et les autres semblables, et met à leur place d'autres expressions qui rappellent l'éternité de la matière, telles que « hedificacion », « ordenament del mont », « ordenar ». Depuis qu'on a pu s'approcher davantage des manuscrits, on a trouvé au contraire que, lorsque le latin a le mot *creare* ou d'autres semblables, la Bible vaudoise écrit « creatura, creator, creation, crear [3] ». Je ne m'arrête pas à certaines expressions qui ont pu paraître trahir une tendance à l'ascétisme, non plus qu'au mot de « Filh de la vergena », dont nous examinerons tout à l'heure la portée, et je répète avec une conviction absolue que pas un mot, dans aucune de nos versions du Midi, ne trahit, s'il en a eu, les opinions particulières du traducteur. Il en est ainsi, sans exception, de toutes les traductions anciennes en langue vulgaire que j'ai vues. Je parle des françaises, des

marqués en marge, jusqu'à Luc. IX seulement, par les lettres *E[vangeli]* et *F[ins]*. Ces évangiles ne sont pas les mêmes que ceux du lectionnaire hussite, ils sont à peu près identiques à ceux du manuscrit de Paris, qui sont ceux de l'Eglise catholique.

1. Voyez de plus longs extraits des « Treçenas » dans Montet, *Hist. litt.*, p. 225 et suiv.

2. *Revue de Théologie*, t. VI, p. 87.

3. Herm. Haupt, *Die deutsche Bibelübersetzung*, p. 32, note.

catalanes, des allemandes, de la version bohême, pour autant
que je la connais, et de la traduction de Wiclef, si je l'ai bien
lue. Dans toutes ces versions, toutes les fois que l'on a constaté
un désaccord avec le texte latin officiel aujourd'hui, on a pu
retrouver dans les mss. latins les mêmes variantes. On a accusé
d' « utraquisme », c'est-à-dire d'hérésie hussite, l'ancienne
version allemande parce que, I Cor., x, 17, les bibles allemandes interpolent le mot : « *und von aim kelch.* » « *Et de uno
calice* » est la leçon de presque tous les mss. de la Vulgate,
depuis le xiii⁰ siècle, et de l'édition de Sixte V. Comme toutes
les autres, la Bible vaudoise est parfaitement orthodoxe.

IX. — COMPARAISON DE LA BIBLE VAUDOISE AVEC LES VERSIONS PROVENÇALES

Il est temps de réunir nos observations sur le style de la
version vaudoise, sur les particularités qu'elle présente et sur
son caractère en général, aussi bien que de la rapprocher des
textes provençaux que nous avons déjà étudiés.

La Bible vaudoise se distingue de la version provençale du
manuscrit de Lyon, par une sorte de recherche de l'exactitude
littérale, qui semble l'indice d'une plus basse époque. Je ne
parle pas de l'ordre des mots : dans le manuscrit de Lyon, c'est
l'ordre du latin; ici, c'est celui de la syntaxe; je parle des mots
eux-mêmes. Là où l'ancien traducteur disait « estar », le
deuxième écrit « permaner », « demorar » ou « abitar »; il
s'attache au latin en disant « vida eterna » au lieu de « dura-
bla », « dia festival » pour « dia de la festa » « justicia » en
place de « dreitura », « sacrament » pour « secret », « carata »
pour *character* en place de « senhal », « destinar » pour « ordenar », « mont » pour « pueg », « saciar » au lieu de « sadollar ».
En un mot, le vocabulaire de la version vaudoise trahit une
sorte de recherche de la latinité. Quant à la grammaire, la
Bible vaudoise écrit généralement « cum » au lieu de « ab »,
« en qual maniera » pour « co », « alcal luoc » pour « on ».
La langue n'y gagne pas, mais le latin (j'excepte le dernier
exemple cité) est serré de plus près, du moins en apparence.

Mais au milieu de l'une et de l'autre version, toutes deux
littérales jusqu'à l'excès, nous remarquons certaines expressions

singulières, certaines traductions libres ou inexactes qui sembleraient devoir être le propre de l'une ou de l'autre et qui se rencontrent dans tous nos textes.

« *Gehenna* » est traduit toujours par « pena » dans les trois textes, dans les manuscrits de Lyon et de Paris, et dans la Bible vaudoise, suivie en cela par un traité vaudois d'origine taborite, le « Purgatori[1] ».

Pour le mot *Verbum*, nous avons lu au commencement du quatrième évangile, dans les deux manuscrits de Paris et de Carpentras (je prends ce dernier comme type de la version vaudoise), le mot « lo Filh ». Dans le manuscrit de Lyon, ce passage est en latin, mais dans l'Apocalypse, xix, 13, c'est au contraire le manuscrit de Lyon, suivi par celui de Paris, qui lit, pour *verbum Dei*, « Fils de Deu. » Dans le passage des « trois témoins » (i Jean, v, 7), tous nos manuscrits ont « lo Fil » (Lyon) ou « lo Filh », leçon qui ne se trouve dans presque aucun ms. latin, et en tous cas pas dans les textes usités dans le Midi. C'est sans doute de là que la traduction « lo Filh » a passé dans le prologue de saint Jean. Au reste, cette expression se retrouve ailleurs que dans le Midi. En 1295, Guiart Desmoulins traduit, en Picardie : « *In principio erat Verbum* » par : « Au commenchement fu li Fieux. »

Pour *Filius hominis*, les deux mss. de Paris et de Carpentras, et avec ce dernier tous les manuscrits vaudois, écrivent régulièrement « Filh de la Verge » (Paris) ou « de la Vergena » (Carp.); quelquefois le manuscrit de Lyon écrit : « fil de Deu » ou « del home ». On a été tenté de voir dans cette traduction une tentative pour rompre le lien qui unit le Christ à la nature humaine ou à la matière. Nous allons voir comment cette expression est née. L'histoire du mot « Fils de la Vierge » a son importance dans l'histoire générale des traductions bibliques[2].

Alexandre, abbé de Jumièges († 1209), raconte ce qui suit dans son traité « *De Filio Hominis* » :

« Me demandant dans mes pensées intimes comment je rendrais en langage français ce mot de l'Evangile : « *Quem dicunt*

---

1. Haupt, *Die deutsche Bibelübersetzung*, p. 22.

2. Voyez sur ce point Gilly, p. 95, Herzog, p. 100, et Haupt, *Die deutsche Bibelübersetzung*, p. 21.

homines esse filium hominis? devant des frères peu instruits, je rencontrai les plus grandes difficultés. Ou bien la circonlocution était trop détournée et ne s'approchait pas assez de la lettre, ou bien, cherchant à me faire comprendre de ceux qui m'écoutent plutôt qu'à satisfaire à la lettre, je disais autre chose que le texte…. Le terme d'*homo* ne distinguant pas entre l'homme et la femme, je ne pouvais traduire, pour être exact, *filium hominis* ni par « fils de baron » (*filium viri*), ni par « fils de la femme ». La première de ces traductions est fausse, et aucune des deux ne peut se tirer du texte, car « *filius hominis* » ne veut pas dire « fils de la femme » ni « fils de la Vierge », quoique au fond ce soit bien une même chose que « fils de l'homme » et « fils de la Vierge ». Mais je ne rencontrais guère d'autre mot qui répondît exactement au mot *filius hominis*. Dans cet embarras, je recourais aux méditations les plus profondes et je cherchais à rappeler à ma mémoire, comme en le ruminant, tout ce que j'avais pu entendre d'autrui. Enfin, frère bien aimé, je viens m'en ouvrir à vous sans vous rien cacher[1]. »

Au moment où l'abbé de Jumièges se tourmentait ainsi de la traduction du mot « Fils de l'homme », l'expression de « Fils de la Vierge » était sans doute déjà en usage dans son propre pays, car c'est en Normandie qu'on la voit employée pour la première fois.

Dans l'ancienne Apocalypse normande, dont les manuscrits remontent fort près de l'an 1200, nous lisons, suivant les

---

1. *Secreta enim mihi meditatione aliquando quaerenti, qualiter illud evangelicum : Quem dicunt homines esse filium hominis, simplicioribus fratribus gallico sermone exponerem, tanta obviavit difficultas, ut vel nimis remota interpretatione uterer, et quae vix ad litteram videretur accedere, vel quia hominibus non litterae satisfaciens, aliud pro alio dicerem… Cum enim hoc nomen (homo) non determinet sexum, filium hominis nec filium viri, nec filium feminae recte poteram interpraetari. Horum enim et alterum omnino falsum est, et neutrum de littera haberi potest. Non enim filius hominis determinate hoc exprimit quod filius feminae, vel filius virginis, quamvis penitus idem sit filius hominis quam filius virginis, sed neque aliud aliquid facile occurrebat quod hoc termino (filius hominis) determinate intimaretur. Hac igitur difficultate coactus, ad profundiora meditationis subsidia recurrebam, et veluti ruminando, quod ab aliis audieram, ad memoriam revocabam, quidquid id est totum tibi, frater carissime, sine fictione effundo* (Martène et Durand, *Thes. novus Anecd.*, t. I, col. 777).

manuscrits, les deux traductions. Dans le ms. B. N. fr. 403, qui est du commencement du XIIIe siècle : « un qui resemblot le fiz de la Virge « (Apoc., I, 13), dans fr. 1036 (XIIIe siècle) : « semblance dou fill de la Virge; » dans la recension ordinaire, écrite en dialecte anglo-normand (fr. 9574, etc.) : « un ke resemblout le filz de la Virgine. » Pourtant le plus ancien des manuscrits, celui de *Trinity College*, Cambridge, écrit : « semblable al fiz de homme », et fr. 1768 : « une personne semblable a home. » Peut-être le texte le plus ancien est-il « fiz de la Virge ».

Le mot fit fortune. Nous le retrouvons au XVe siècle, dans une bible catalane (B. N. esp. 4), où on lit alternativement, pour « *filius hominis* », « fill de Deu » ou « fill de la Verga » (« fill d'ome » seulement dans le livre de Daniel). Nous voyons par nos versions qu'il avait droit de bourgeoisie dans tout le Midi et nous le rencontrons jusqu'en Allemagne; le *codex Teplensis*, dont la ressemblance avec les textes provençaux ou vaudois est connue, écrit, 72 fois sur 79 : « *sun der maid.* » « Fils de la Vierge » est, comme « le Fils » pour « le Verbe », une traduction populaire, qui pouvait parfaitement naître, en des endroits différents, dans l'esprit des traducteurs, s'ils étaient gens du peuple. La coïncidence n'en est pas moins à remarquer. Mais reprenons l'examen des traductions singulières qui se rencontrent dans nos différents textes.

Dans Matth., XXI, 15, *Hosanna* est rendu, nous l'avons vu, dans les mss. de Lyon et de Carpentras (celui de Paris est mutilé à cet endroit) de deux manières absolument différentes : Lyon : « disentz : Lausor al filh de Davi; » Carp. : « dizent al filh de David : Fay nos salf. » Mais qu'on ne s'y trompe pas, l'accord qui nous manquait ici se retrouve dans Jean, XII, 13. Lyon : « Fai nos salvs, fil de David; » Paris : « Dieu salva nos; » Carp. : « Fay nos salf. » L' « Interprétation des noms hébreux » de saint Jérôme traduit : « *Osanna, salvifica,* » et celle qui se lit à la suite des bibles, depuis le règne de saint Louis : « *Osanna, salva vel vivifica sive salvifica nos...* » Il n'en est pas moins étrange qu'au milieu d'une traduction strictement littérale, tous nos traducteurs, et eux seuls, aillent chercher la même glose pour l'introduire dans leur texte.

Actes, XIX, 31, *theatrum* est rendu par « palatz » dans Lyon et par « palays » dans Carpentras.

Luc, i, 3, « nobil Theophile » (Lyon; Carp. : « o noble Theophile ») n'est pas la traduction nécessaire d' « *optime Theophile* ».

Hébr., i, 1, les mots « mout parlablament » et « zay enderier », que nous avions remarqués comme des traductions singulières dans Lyon et Paris, se retrouvent dans Carpentras.

Jean, xi, 16; xx, 24, et xxi, 2, la traduction « dubitos » pour *Didymus*, dans Carpentras, rappelle le « no crezentz » de Lyon (comparez Paris).

Luc, ii, 35 : « *et tuam ipsius animam pertransibit gladius.* » C'est par un contre-sens identique (assez naturel, il est vrai) que les manuscrits de Paris et de Carpentras rendent ces mots par : « el glazi del meteis traspassara la tieue arma » (Paris) ou par : « e lo glai de lui trapasare la toa arma » (Carp.).

Actes, xxviii, 7, la Vulgate lit : « *benigne exhibuerunt,* » et les manuscrits languedociens : « *benigne necessaria exhibuerunt.* » Le ms. de Paris amplifie encore davantage en écrivant : « las cauzas necessarias per manjar, » et c'est par une rencontre remarquable, si ce n'est pas par une faute de lecture, que Carpentras a traduit : « las cosas necessarias a nos a navegar. »

Je retrouve, Jean, iv, 5, dans Carpentras, la mauvaise traduction « lo luoc » pour *praedium*, que nous avons déjà remarquée dans Paris et qui est peut-être une faute de lecture pour la leçon du ms. de Lyon.

Rom., xvi, 13, Paris écrit : « saludas los totz. » On ne peut expliquer cette leçon, pour « *salutate Rufum* », que par la traduction de Carpentras : « saluda lo ros. » Lyon a le mot latin : « Saludatz Ruphum. »

Je pourrais enfin faire remarquer qu'entre les deux groupes de textes il y a des leçons communes, qui ne se sont jusqu'à présent retrouvées dans aucun texte latin, telles que Jean, xiv, 1, Lyon et Carp. : « ni se spavante; » Apoc., i, 3 (voyez plus haut), Lyon, Paris, Carp. : « d'aquest libre. » Je ne mentionne pas un très grand nombre de leçons curieuses et extrêmement rares, qui sont communes aux mss. vaudois et provençaux, parce que je les retrouve dans les textes languedociens étudiés plus haut.

C'est en effet du texte latin sur lequel repose la Bible vaudoise qu'il nous faut parler maintenant. C'est exactement le texte languedocien, le même sur lequel se basent les versions provençales. Celles-ci, du reste, et cela est naturel, n'ont pas toujours toutes les leçons des mss. vaudois, et réciproquement. On reconnaîtra du premier coup d'œil les leçons languedociennes en parcourant le manuscrit de Carpentras, où elles ont été en grand nombre exponctuées[1]. Pourtant ce ms., le plus ancien et le meilleur, ne les a pas toutes, et j'en trouve ainsi plusieurs dans le manuscrit de Grenoble, par exemple ACTES, VIII, 1 : « stier li apostol liqual eran en Jerusalem » (« que remas[er]o en Jherusalem » est ajouté en marge du manuscrit de Lyon ; cette interpolation n'est pas proprement languedocienne) ; XI, 2 : « e magnificavan Dio ; » XV, 2 : « Mas Paul diçia lor permaner enaysi que ilh creseron. » C'est d'une faute de copie du texte languedocien que provient certainement l'erreur ridicule de nos traducteurs, qui mettent la ville de Cologne en Macédoine[2]. On va juger par un exemple du danger qu'il y a à chercher des hérésies dans les versions de la Bible sans s'occuper du texte original. ACTES, X, 26, Pierre dit à Corneille (Carp.) en le relevant : « Cal cosa faz ? leva, car yo soy home enayma tu, ora Dio » (Lyon : « Que faz ? Deu aizora, leva sus. » Paris : « Yeu suy homs aysi con tu. Leva, Dieu adora »). Ici les auteurs, depuis Herzog (p. 321), ont tous fait remarquer que cette leçon était chère aux Vaudois, qui ne voulaient adorer « que Dieu seul » et qui ont même interpolé le mot « adora Dio » dans la traduction qu'ils ont faite d'un livre taborite, les « Invocacions de li sant ». En réalité, il ne s'agit ici que de la leçon languedocienne : « *Deum adora*, » probablement tirée du passage analogue, APOC., XXII, 9 (mss. 342, 343, 16262) et qui n'est dans les bibles vaudoises que parce qu'elle était dans la Bible latine usitée dans le Midi.

---

1. En voici deux exemples caractéristiques : MARC, VIII, 28, *Vulg.* : « *alii Eliam;* » 11932 : « *alii Jheremiam;* » Carp. : « li autre Jeremia. » II COR., VIII, 18 : « *Misimus etiam cum illo fratrem;* » 341 et Lyon 333 : « *Lucam fratrem;* » 342, 343, 11932 et 16262 : « *fratrem nostrum Lucham.* » Carp. : « Luc lo nostre frayre; » Lyon : « lo nostre frere Luc; » Paris : « lo nostre fraire Lucham. »

2. ACT., XVI, 12, *Vulg.* : « *et inde Philippos, quae est prima partis Macedoniae civitas, colonia;* » 342 : « *que est in prima parte Macedonie civitas Colonie;* » Paris. : « e de Colonia la cioutat; » Lyon : « ciutatz de Colonia; » Carp. : « cipta de Colonia. »

Je ne peux me soustraire à la pensée que le texte latin que
représente la Bible vaudoise n'est pas de très bon aloi, qu'il sent
la retouche et la basse époque. J'y trouve, chose grave, des
interpolations déplacées (celle de Act., xxiv, 18, est égarée à
la fin du verset 20 dans Carp.) et des doublets [1], dont quelques-
uns se rencontrent déjà dans les textes languedociens les moins
anciens, dans ceux qui ont déjà, comme la Bible vaudoise, les
chapitres modernes [2]. On se demande si nous n'avons pas,
dans les bibles vaudoises, des textes souvent retouchés parce
qu'ils étaient d'un grand usage, et dans lesquels il est tout
naturel de trouver, quelle qu'en soit l'origine, l'influence et
l'écho des versions provençales.

Quant à la question d'une communauté d'origine entre ces
deux groupes de textes, qu'il nous soit permis de ne pas la
trancher absolument. Assurément il y a des différences innom-
brables et de toute nature entre les deux familles, et la plus
importante peut-être est que leur texte latin n'est pas absolument le même, mais montre de ces variantes de détail qu'une
retouche expliquerait difficilement. D'autre part, en lisant en
regard les uns des autres de longs passages de la Bible vaudoise
et des Bibles provençales, on se pénètre de plus en plus de la
pensée que ces deux textes ont quelque chose de commun, au
point de n'en faire souvent qu'un seul. Je ne rappelle pas toutes
les singularités que nous leur avons trouvées communes. Les
rapprochements que nous pourrions relever entre eux ne
s'arrêtent pas là. Ainsi les premiers mots de l'Evangile de saint
Matthieu nous sont conservés en latin, non pas dans le Nouveau
Testament de Lyon, comme ceux de presque tous les autres livres

---

1. Carp., Act., x, 19 : « Mas Peyre pensant e dubitant encara de la vesion. »
Vulg. : « *Petro autem cogitante de visione;* » 343 et 11932 : « *et dum intra se
hesitaret Petrus quidnam esset.* » Sap., v, 3, Gren. : « E gement per angustia
de sperit se merevilharen en subitança de despera salu. E gement per angustia
de sperit diren entre lor, fazent penitencia... » (le doublet n'est pas dans
Carp., dont voici la leçon : « E gement per angustia de sperit diren entre lor,
fazent penitencia... » C'est la leçon de la Vulgate sixtine). C'est une interpolation en double.

2. Actes, iii, 25. *Vulg.* : « *omnes familiae terrae;* » 11932 : « *omnes tribus
terrae familiae;* » Carp. : « totas las familhas e las genz de la terra. » xvii, 11,
Vulg. : « *eorum;* » 321 et 342 : « *Judeorum;* » 11932 « *eorum Judeorum;* »
Carp. : « d'aquilh Judio. »

du Nouveau Testament, mais dans le manuscrit de Carpentras, suivi par celui de Dublin. Ici le texte vaudois serait resté plus fidèle à l'original commun. Il ne serait pas impossible que le rapport des textes vaudois et provençaux s'expliquât ainsi : Il aurait été fait, postérieurement à la première édition que représente le ms. de Lyon, un autre extrait, un « redressement » de la traduction interlinéaire provençale. Soit le premier copiste, soit tout autre écrivain aurait, au lieu de copier mot à mot, transcrit le texte en un langage plus moderne et qu'il croyait plus conforme au latin, chose d'autant plus naturelle que, de la langue provençale au dialecte vaudois, le passage n'est pas insensible. Soit dans ce travail, soit dans la copie des manuscrits (et ce dernier fait est prouvé par la comparaison des mss. de Carpentras et de Grenoble), il se serait glissé des variantes de toute espèce, même de texte latin : la chose n'a rien d'étonnant pour celui qui est habitué à la manière dont s'altèrent les traductions.

Pour mettre le lecteur à même de mieux juger, je citerai, outre les textes qui sont reproduits dans les chapitres précédents, deux passages encore :

Rom., VIII, 33-39.

MANUSCRIT DE LYON.

Quals acusara contra les elegitz de Deu ? Deus, loquals justifica. 34 Quals es que condampne ? Jhesu Xrist que moric, sobre que tot loquals resuscitec, loquals es a la destra de Deu, loquals neis prega per nos.

35 Doncas quals nos departira de la caritat de Xrist ? Tribulatios, o angoissa, o persecutios, o fams, o nudeza, o perilhs, o glazis ? 36 Aisi co es escriut : Quar per tu em mortificadi tot dia, azesmadi em aisi coma ovelhas d'aucizement. 37 Mais en totas aquestas causas sobram per lui loquals nos amec. 38 Quar eu so certas quar ni mortz, ni vida, ni angel, ni principat, ni pozestat, ni causas presentz ni avenidciras, ni vertutz, ni forteza, 39 ni

MANUSCRIT DE CARPENTRAS.

Cal acusare encontra li cyleyt de Dio ? Dio, local vivifica. 34 Cal es aquel que condampne ? Yhesu Xrist local moric, sobre que tot local resucite, local es a la dreyta de Dio, local acerta prega per nos. 35 Donca cal nos departire de la carita de Xrist ? Tribulacio, o angustia, o fam, o nudita, o perseguecion, o perilh, o glay ? 36 Eneyma es scrit : Car nos sen mortifica per tu per cascun dia, e sen pensa enayma feas d'aucision. 37 Mas nos soperchen en totas (2e main : aquestas) cosas per lui local ame nos. 38 Car yo soy certan car ni mort, ni vita, ni angel, ni principa, ni vertu, ni las present cosas ni las avenadoyras, ni fortaleça, 39 ni auteça, ni pregondeça, auteza, ni preondeza, ni l'autra creatura, no nos poira departir de la caritat de Deu laquals es en Jhesu Xrist le segnor nostre.

ni autra creatura, non poyre nos departir de la carita de Dio lacal es en Yhesu Xrist lo nostre segnor (*).

I CORINTHIENS, I, 1-9.

MANUSCRIT DE LYON.	MANUSCRIT DE CARPENTRAS.

Paulus vocatus apostolus Jhesu Xristi per volontat de Deu e Sostenes lo fraire, ²a la gleisa de Deu que es a Corinti, als santificatz en Jhesu Xrist, als apelatz sanhs, ab totz aicels que apelo le nom del senhor nostre Jhesu en tot le loc de lor nostre, ³gracia a vos e patz de Deu lo paire nostre e del senho[r] Jhesa Xrist.

⁴Eu sasz gracias al meu Deu tota ora per totz vos e la gracia de Deu que es dada a vos en Jhesu Xrist, ⁵quar en totas causas esz saiti ric en lui en tota paraula et en tota ciencia, ⁶aici cum le testimonis de Xrist es cofermatz e vos, ⁷enaisi que alcuna causa no defalhisca en alcuna gracia a vos, esperans la revelatio del senhor nostre Jhesu Xrist, ⁸loquals neis vos cofermara entro e la fi senes crim el dia del aveniment del senhor nostre Jhesu Xrist. ⁹Fizels es Deus per loqual esz apeladi e la companha del Fil de lui le senhor nostre Jhesu Xrist.

Paul appela apostol de Yhesu Xrist per la volonta de Dio e Sostenes lo frayre, ²gracia sia a la gleysa de Dio lacal es a Corinti, a li santifica en Yhesu Xrist, appela sant, cum tuit aquilh que appelan lo nom del nostre segnor Yhesu Xrist en tot luoc de lor e nostre, ³e paç a vos de Dio lo nostre payre e del segnor Yhesu Xrist. ⁴Yo fauc gracias al mio Dio tota via per vos en la gracia de Dio lacal es dona a vos en Yhesu Xrist, ⁵car vos se fayt ric en lui en totas cosas, en tota parola e en tota sciencia, ⁶enayma lo testimoni de Xrist es conferma en vos, ⁷enaysi que alcuna cosa non defalha a vos en alcuna gracia, sperant la revellacion del nostre segnor Yhesu Xrist, ⁸local confermare vos entro en la fin sença crim al dia del avenament del nostre segnor Yhesu Xrist. ⁹Mas Dio es fidel per local vos se appela en la compagnia del nostre segnor Yhesu Xrist lo Filh de lui.

Il est une dernière raison qui peut être invoquée en faveur d'une origine commune de nos versions. Il existe (ce n'est pas le lieu de le démontrer) une Bible allemande du plus haut intérêt, qui paraît avoir été, quelque étrange que soit la chose, traduite sur un texte provençal[1]. Cette version se rattache

---

(*) *Variantes choisies du manuscrit de Grenolle :* 33 contra. — justifica. — 37 *om.* aquestas. — 38 vertuç. — ni las avenir.

1. Cette traduction est représentée par les manuscrits de Tepl et de Freiberg (XIVᵉ siècle) et par dix-huit éditions imprimées. Voyez Herm.

surtout au texte de Lyon, mais on y remarque aussi des leçons
qui ne se retrouvent pas ailleurs que dans le manuscrit de Paris
et même dans les mss. vaudois, spécialement dans celui de
Grenoble. Si la chose est prouvée, il faut admettre que le traducteur a eu sous les yeux un original intermédiaire entre nos
différentes versions.

Mais l'hypothèse que je viens d'esquisser est si peu évidente
et si lointaine que je n'ai garde de la présenter autrement que
comme une explication possible de rapprochements certains. Il
vaut mieux dire que nous ne sommes pas au clair sur la question des rapports entre les bibles provençales et vaudoises. La
question est posée, cela suffit pour le moment.

X. — LES FRAGMENTS VAUDOIS DE L'ANCIEN TESTAMENT

Nous n'avons pas encore parlé de la traduction des livres
sapientiaux, qui se trouve dans quatre des mss. vaudois. Ces
livres ne sont complets dans aucun manuscrit et il n'y a pas de
raison de penser qu'ils l'aient jamais été. Le ms. de Dublin est,
à cet égard, le plus étendu (il comprend, en plus de celui de
Carpentras, les chapitres XVI à XXIII du livre de Sirach [1]) et
celui de Grenoble le plus abrégé (on n'y lit que les douze
premiers chapitres des Proverbes et les dix premiers de la
Sapience [2]), sans parler du ms. de Cambridge, qui ne contient
que trois chapitres des livres sapientiaux. En outre il y a entre
les manuscrits cette différence, qu'on ne lit pas dans la Bible de

---

Haupt, *Die deutsche Bibelübersetzung der mittelalterlichen Waldenser*, Würzbourg,
1885; du même auteur : *Der Waldensische Ursprung des Codex Teplensis*,
Würzbourg, 1886, ainsi que les répliques de M. Fr. Jostes : *Die Waldenser und
die vorlutherische Bibelübersetzung*, Münster, 1885, et *Die Tepler Bibelübersetzung*, Münster, 1886. Voyez aussi les articles de la *Revue historique*,
tome XXX (janvier 1886), p. 167, et tome XXXII (septembre 1886), p. 184,
reproduits avec additions dans le *Bulletin de la Société d'Histoire vaudoise*, no 3,
décembre 1887.

1. Dans Carpentras et Grenoble, le livre de Sirach s'arrête après le v. 4
du chap. XVI.

2. Dans nos manuscrits comme dans les Vulgates du XIIIe siècle, le chap. X
de la Sapience comprend le premier verset du chap. XI.

Carpentras un petit nombre de versets (SIRACH, XI, 15 et 16; XII, 16ᵇ-18ᵃ) qui sont dans celle de Grenoble. Le texte latin que le traducteur a eu sous les yeux semble avoir été exactement celui qui, sous l'influence de l'Université de Paris, est devenu peu à peu d'un usage général en France, à commencer du milieu du XIIIᵉ siècle : on le reconnaît aux interpolations dont il est semé. On n'y trouve en revanche aucune des particularités des textes méridionaux de la fin du XIIIᵉ siècle dont le Nouveau Testament vaudois semble être la traduction (lat. 11932). Cette différence suffit pour que nous ayons le droit de nous demander si la traduction des livres sapientiaux est sortie du même atelier que celle du Nouveau Testament.

Quant au Cantique des Cantiques, les rubriques allégoriques dont il est accompagné nous sont conservées dans les manuscrits vaudois sous deux formes quelque peu différentes. Voici le commencement du Cantique des Cantiques d'après les mss. de Carpentras et de Grenoble. Après les premiers versets, il ne semble plus y avoir de différences entre les rubriques des deux manuscrits.

<table>
<tr><td>

CARPENTRAS.

La voç de la gleysa desirant l'avenament de Xrist : El bayse mi del baysament de la soa boca, car las toas pupas son melhor de vin, ²prus odorant de li noble unguent. Lo tio nom es oli spars, enperço las jovencelas ameron tu.

La voç de la gleysa a Xrist : ³Tira me enapres tu, e corren en l'odor de li tio unguent.

La voç de la gleysa alegrant e dicent : Lo rey dintremene mi en li sio celier, nos nos eysautaren e nos alegraren en tu, recordador de las toas pupas. Li dreyturier aman tu sobre vin.

La voç de la gleisa de li sio appremiment : ⁴O filhas de Jerusalem, yo soy niera, mas yo soy bella enayma li

</td><td>

GRENOBLE.

Ayci comença Cantica Canticerum Salomonis. El beyse mi del beysament de la soa bocha, car las toas pupas son melhor de vin, ²plus odorant de noble unguent. Lo teo nom es oli spars, emperço las jovencellas ameron tu. ³

Tira me enapres tu, e corraren en l'odor de li teo unguent.

Lo rey dintremene mi en li seo celier, nos nos exautaren e nos alegraren, recordadors de las toas pupas. Li dreiturier aman tu sobre vin.

La vouç de la sinagoga ¹ : ⁴O filhas de Jerusalem, yo soy niera, mas yo soy bella enayma li tabernacle de Cedar e

</td></tr>
</table>

1. Le traducteur a lu « *synagogae* » pour « *sponsae* ».

tabernacle de Cedar, enayma las peoç de Salomon. [5]Non volha considrar mi car yo soy scura, car lo solelh scoloric mi.

La voç de la sinigoga : Li filh de la mia mayre combateron(on) encontra mi. Ilh pauseron mi garda en las vingnas, yo non gardei la mia vigna.

La voç de la gleysa a Xrist : [6]Demostra a mi aquel local la mia arma ama ..

enayma las pels de Salomon. [5]Non volha considerar mi car yo sia scura, car lo solelh escoloric mi.

La vouç de la sinagoga : Li filh de la mia mayre combateron contra mi. Ilh pauseron mi garda en las vignas, yo non gardey la mia vigna.

La vouç de la gleisa a Xrist : [6]Demostra a mi aquel loqual la mia arma ama...

Les rubriques du Cantique des Cantiques varient à l'infini dans les manuscrits latins; chacun, pour ainsi dire, a les siennes. Celles du manuscrit de Carpentras semblent empruntées, presque sans changement, aux bibles alcuiniennes les plus anciennes et les meilleures (« *Vox optantis Christi adventum* » : *Vallicellianus* et latin 2). Au contraire, la recension du manuscrit de Grenoble est la même que nous trouvons dans les manuscrits languedociens les plus anciens (« *Vox synagogae* » : mss. lat. 4^2 et 7). Cette observation suffit pour que nous devions considérer cette dernière forme comme la plus ancienne. Comme le reste des livres sapientiaux a été traduit sur un texte parisien, qui n'avait pas ces rubriques, il est permis de se demander si le Cantique des Cantiques n'a pas été traduit à part et peut-être antérieurement. Un examen approfondi du livre vaudois intitulé « Cantica », conservé à Genève, qui est à peu près identique avec notre version, tant pour la traduction que pour les rubriques [1], pourrait sans doute donner des lumières sur ce point.

Dans les manuscrits de Carpentras et de Dublin seulement, les livres sapientiaux sont précédés de la traduction de la préface de saint Jérôme. Voici la plus grande partie de cette préface :

L'entrepetracion de li tres libre de Salomon, *masleth*, alcal li abrion diçon parabola mas li latin semblanças, *coheleth*, alcal li grec diçon glesastes, nos latin li poen dire arengor, *syrasyrim*, alcal a nostra lenga es dit cant de li cant

---

1. Malheureusement le manuscrit ne commence qu'avec le verset 14 du chapitre Ier. Voyez du reste Herzog, p. 107.

e *panaretos*, zo es glesiasticus, libre de Yhesu filh de Sirac, e l'autre pseudigraphus (*sic*) local es scrit sapiencia de Salomon. De lical yo trobey lo prumier en abrayc, non glesiasticus coma es enapres li latin, mas era denant nota parabolas... Car el meseyme a stil de parlament grec. Alcuns de li antic scriptor afermeron aquest esser ista Afulon judio, local Afulon fo amaystra en lenga greca, ja sia ço qu'el fossa judio. Donca acerta la gleysa legis Julit e Thobias e li libre de li Machabey, mas non li recep entre las scripturas canonicas, enaysi legissa aquisti dui libre a hedifficacion del poble, non a confermar las auctoritas de la doctrina eclesiastica.

A côté de la traduction des livres sapientiaux, la seule qui ait trouvé place dans leurs bibles, les Vaudois nous ont laissé quelques fragments de l'Ancien Testament. Les manuscrits qui les contiennent paraissent remonter à la seconde moitié du xve siècle.

Le ms. *A* de Morland, conservé à Cambridge, est de très petit format, comme presque tous les manuscrits vaudois. Il contient en tête les neuf premiers chapitres de la Genèse. Le texte latin que cette traduction représente n'est pas celui qui, depuis le xiiie siècle, a été généralement en usage en France. La traduction est assez exacte. Dans le même manuscrit se trouve, sous le titre de « Herman », la traduction d'un court passage du Pasteur d'Hermas[1]. Cette citation est d'autant plus digne d'être remarquée que certainement les Taborites, parents spirituels des Vaudois du xve siècle, ont eu entre les mains des bibles où était copié le Pasteur. On ne connaît que trois bibles latines où se lise le Pasteur; l'une est du ixe siècle, les deux autres sont copiées en Bohême. La bible n° 1217 de la bibliothèque impériale de Vienne, qui contient ce livre entre la Sapience et Ésaïe, montre au feuillet 192 v°, juste après lui (et le Pasteur a été interpolé par le copiste bohême dans une bible d'Hugues de Saint-Cher, qui ne contenait pas ce livre), cette note : « *Finitus anno Domini M° CCCCXXXIIII°, quo eciam*

---

1. F° 172 : « *Herman*. L'angel dis a Herman : Converte vos al nostre segnor Dio e habandona lo diavol (*Mand.* XII, 4, 6)... » Fin (f° 179 v°) : « Car segont que di l'apostol a Romana, non solament aquilh que fan aytal cosas son degne de mort, mas aquilh lical consenton a li façent (Rom., 1, 32). Li segnor e las donas non son scusa per mesconoysença, car si lo cec donare guiament al cec, embedui cajon en la fossa (Matth., xv, 14). » On voit que cette fin est étrangère au livre d'Hermas.

anno fratres sunt prostrati. » L'année 1434 est la date de l'écrasement des Taborites, commandés par les deux Procope, à la bataille de Lipan.

Voici quelques extraits de la traduction de la Genèse :

Dio cree lo cel e la terra al començament. ²Mas la terra era vana e voyda, e tenebras eran sobre la facia del abis, e l'esperit del Segnor era porta sobre las aygas. ³E Dio dis : luç sia fayta, e luç fo fayta. ⁴E Dio vic que la luç fossa bona, e departic la luç de las tenebras ⁵e apelle la luç dia e las tenebras noyt. E fo fayt lo vespre e lo matin, un dia...

²⁵E Dio vec que la fossa bon ²⁶e dis : Façan home a la emagena e a la nostra semblança e sia derant a li peysson del mar e a las volatilhas del cel e a las bestias de tota la terra e a tota la reptilia lacal es mogua en terra. ²⁷E Dio cree l'ome a la soa eymagena e cree lui a la ymagena de Dio e cree los mascle e fena. ²⁸E Dio benayçic a lor e dis : Creysse e sia multiplica e umple la terra e sotmete ley... ³⁰E fo fayt enayssi. ³¹E Dio vic que totas cosas eran forment bonas. E fo say lo vespre e lo matin lo seysen dia...

III, ¹⁴. E lo Segnor d's al serpent : ... ¹⁵ Yo pauserey desamista entre tu e la fena, e entre lo tio semenç e lo semenç de ley. Ilh meseyma atrissare lo tio cap, e tu agaytares lo calcang de ley. ¹⁶ Acerta Dio dis alla fena : Yo multiplicarey las toas enequitas e caytivetas ¹ sobre [tu] e li tio concebement. Tu aparturires li tio filh cum dolor, e seres sot la poesta del tio baron, e el meseyme segnorenare de tu.

Le ms. *C* de Morland est encore plus petit que le précédent, c'est un des plus petits manuscrits que l'on puisse voir. Les fragments de l'Ancien Testament qu'il contient y figurent comme appendices du traité des « Tribulacions », à titre d'exemples de patience dans les souffrances et les persécutions. C'est d'abord l'histoire du supplice des sept frères qu'on appelle à tort les frères Machabées (II Mach., v, 5-fin), puis le commencement et la fin (chap. I-III, et le chap. XLII sous le titre de chap. IV) du livre de Job, et enfin la traduction complète du livre de Tobie². Nous avons déjà vu que le traité des « Tribu-

---

1. Latin : *aerumnas tuas.*

2. F° 49 (le commencement manque) : ... « s'amonestavan entre lor unialment an la mayre murir forment, diçent : Lo Segnor Dio regardere la verita e sere consola en nos... Mas la mayre fo consuma derierament. Donca lo es asay dit de li sacrificy e de las trop grant crudeletas. Dio gracias. Amen... » F° 66 v° : « Tobia fo del trip de la cita de Natalim, lacal es en las sobeiraneças de Galilea sobre Nason per la via lacal amena a l'aucident... Enaysi qu'ilh eran recebivol tant a Dio cant a home, c'a tuit li abitant en la terra. »

lacions », auquel ces fragments sont annexés, paraît suivre
la Bible vaudoise dans ses citations du Nouveau Testament. Le
texte latin du livre de Job ne semble pas être exactement le
texte parisien du XIIIᵉ siècle ; la version est généralement
exacte[1].

En voici quelques extraits qui achèveront de nous faire
connaître la Bible des Vaudois :

Baron era en la terra d'Us per nom Job, e aquel barron era simple dretu-
rier e tement Dio e departant se de mal. ²E set filh e tres filhas nasqueron
a lui, ³e la possession de lui fo set millia feas e tres millia camel e .v.c.
parelh de buos e .v.c. asenas e mota familha forment. E aquel barron era
grant entre tuit li auriental...

⁶Mas ennun dia con li filh de Dio fossan vengu qu'ilh istesan derant lo
Segnor, lo Setenaç fo entre lor, ⁷alcal lo Segnor dis : Dont venes ? Local
respondent dis : Yo crecondey la terra e ancy per ley. ⁸E lo Segnor dis a
luy : Dont cunsidries tu lo mio serf Job, que non sia senblant a lui en terra ?...
⁹Alcal lo Satanaç respondent dis : Dont Job non tem Dio en van ?... ¹¹Mas
stent un petit la toa man e toca totas las cosas que el posesis, e veires si el te
beneiecire en la facia. ¹²Dont lo Segnor dis al Setenaç : Vete totas las cosas
lascals el ta (*sic*) son en la toa man...

III, ¹Enaprès aquestas cosas Job uberc la soa boca e malleyçic al sio dia, ²e
dis : ³Lo dia alcal yo nasquey perrisa, e la noit en lacal fo dit : home es
conceopu ! ⁴Aquel dia retorne en tenebras, e Dio del cel non requera luy, ni
sia enlumena de lume !... ¹¹Perque non muric yo al ventre de la mia maire, e
eisi del ventre non peric viaçament ? ¹²Perque fo receopu en li genolh ? Perque fo aleita en las pupas ?...

XLII, ⁹E lo Segnor receop la facia de Job, ¹⁰e lo Segnor vote a penederça a
Job cum el aures per li sio amic, e lo Segnor ajoste totas cosas doblas calsque-
cals eran de Job. ¹¹Mas tuit li sio fraire vengron a luy e tuit aquilh que lo
conogron prumierament, e mangeron pan cum lui e mogron lo cap sobre
lui e consoleron lui sobre tot lo mal que lo Segnor aporte sobre lui, e done-
ron a lui un cascun una fea e una moscla aurienca. ¹²Mas lo Segnor beneiçic
a las dereirias de Job majorment que al començament de lui... ¹³E foron a
lui set filh e 3 filhas, ¹⁴e apele lo nom de l'una Dia e lo nom de la 2 Casia e
lo nom de la 3 Cornistibi. ¹⁵Mas la non son atrobas si belas fenas en tota la
terra coma las filhas de Job. E lor paire done a lor creta entre li lor fraire.
¹⁶Mas Job visque enapres aquestas cosas.c.e.XL. anç, e vic li sio filh e li filh

---

1. Une leçon singulière, JOB, I, 5 : « E cum li dia del convili fossan
trapassa en la recordança, » pourrait s'expliquer par la correction : « en
la redondeça, » pour « *in orbem* ».

de li sio filh entro a la quarta generacion, e muric velh e plen de dias.
Amen.

DESCRIPTION DES MANUSCRITS

I. — LYON. BIBLIOTHÈQUE DU PALAIS DES ARTS, nº 36.

155 millimètres sur 130. 241 feuillets. 2 colonnes de 26 lignes. Grande
initiale bleue et rouge au commencement de chaque livre; rubriques; titres
courants noirs. Écriture méridionale paraissant du XIIIe siècle. Don de
J. J. Trélis. Ancien nº A. 1. 54. Autrefois, nº 60 de la Bibliothèque publique
de Lyon.

Inc. : Libre de la generatio de Jhesu Xrist filh de Davi e del filh d'Abraham…
(Fº 31) Fenida avangeli de S. Matei. — Aisi comensa avangeli S. Marc. Ini-
ciom sancti avangeli Jhesu Xristi del fil de Davi…—(Fº 49) Inipsiom sequeci
avangeli S. Luc. Quoniam que de mout so reforzatz… — (Fº 78 *bis*) In
principio erat verbum et verbum erat apud Deum e Deus era la paraula… —
(Fº 103 vº) O Teophils acertas eu fi… — (Fº 136) Aapocalipsis Jhesu Xristi
zo es la revelatios… — (Fº 152) Jacobus servus Dei et Domini nostri Jhesu
Xristi als .xij. linhages… — (Fº 154 vº) Petrus apostolus Jhesu Xristi als elegitz… — (Fº 158) Simen Petrus servis (*sic*) et apostolus Jhesu Xristi az
aquestz liqual… — (Fº 160 vº) Inipsio pistola Jovanis avangeliste. Aaco que
fo del comensament… L'ancias a la eleita dona… L'ancias au Gai mout
quar… Judas servs de Jhesu Xrist… — (Fº 165 vº) Inipsio pistola Paulis.
Paulus servs Jhesu Xristi apelatz apostols… — (Fº 177) Paulus vocatus apostolus Jhesu Xristi per volontat de Deu e Sostenes.. Aisi fenita pistola Corintias. 1.
Inipsio pistola Paulis als Coritianis .ij. Paulus apostolus Jhesu Xristi per volontat de Deu e Timotheus… *Suivent, sans rubriques, les Epîtres aux Galates,
aux Ephésiens, aux Philippiens, les deux aux Thessaloniciens et l'Epître aux
Colossiens, puis :* Paulus apostolus no d'omes ni per home mais per Jhesu
Xrist als fraires que so a Laudicia.… *Viennent ensuite les Epîtres à Timothée, à
Tite et à Philémon.…* Inipciom pistola Paul apostoli al Ebreus. Mout parlabla-
ment… Gracia ab totz vos. Amen. Aisi es fenida pistola als Ebrus. —
(Fº 235 vº) Benedicite parcite nobis amen (*Rituel cathare*)… *Fin :* … e el
fassa ne sa voluntat.

De Sauvages, *Dictionnaire languedocien-français*, 2e édit., Nimes, 1785,
p. XI (cité par M. Clédat), et *passim*, et éditions suivantes : voyez l'édition
d'Alais, 1821, 2 vol., particulièrement t. I, p. XIX, note; F. Fleck, *Wissensch.
Reise*, Leipzig, 1835, t. II, fasc. 1, p. 90; W. S. Gilly, *The romaunt Version
of the Gospel according to S. John*, Londres, 1848, p. LVII (*facsimile*); E. Reuss,
Fragments littér. et crit. relatifs à l'hist. de la Bible française, IV, *Revue de théologie
de Strasbourg*, t. V (1852), p. 321 et suiv., et t. VI (1853), p. 65 et suiv.
(*facs.*); E. Cunitz, dans les *Beiträge zu den theol. Wissenschaften*, t. IV, Iéna,

1852, p. 1 et suiv., cf. p. 267 ; W. Foerster, *Revue des langues romanes*, 2e série,
t. V (1878), p. 105 (édition de l'Evangile selon saint Jean) ; Al. Muston,
L'Israël des Alpes, 2e édit., t. IV, 1879, *Bibliographie*, p. 94 ; *Recueil de
Facsimile à l'usage de l'Ecóle des Chartes*, pl. 129 ; E. Comba, *Hist. des Vaudois
d'Italie*, t. I, 1887, p. 218 et suiv.; *Le Nouveau Testament traduit au XIIIe siècle
en langue provençale, suivi d'un Rituel cathare. Reproduction photolithographique
du manuscrit de Lyon, publiée avec une nouvelle édition du rituel par* L. CLÉDAT,
Paris, 1888 (*Bibliothèque de la Faculté des lettres de Lyon*, t. IV) ; S. Berger,
Bulletin critique, t. IX, 1888, p. 301 ; W. Foerster, *Göttingische gelehrte
Anzeigen*, 1888, p. 753.

II. — PARIS. BIBL. NAT. FR. 2425.

190 mill. sur 130. Il y a 186 feuillets numérotés récemment. Le manuscrit
a été paginé au XVe siècle avant d'être mutilé ; le feuillet 196 de l'ancienne
numérotation correspond au feuillet 171 actuel, auquel commence l'Apocalypse. Le manuscrit commence aujourd'hui avec le feuillet marqué autrefois 32. Un double feuillet manque au milieu d'un cahier, avant le feuillet 28,
entre Luc, X, 29, et XII, 10, et de même avant le feuillet 106, entre II JEAN,
4, et ROM., I, 3, et avant le feuillet 160, entre II TIM., I, 18, et TITE, I, 2.
Deux colonnes de 32 lignes. Titres courants rouges en latin ; initiales rouges ;
grandes initiales bleu et rouge, avec filaments violets ; réclames. Les leçons
sont partout marquées en rouge dans le texte même. L'écriture est, d'après
l'*Inventaire*, de la première moitié du XIVe siècle. Ancien n° 8086. Reliure
aux armes de Louis XV. En tête, un titre de la main de Peiresc.

Inc. (MARC, I, 20) : ... [Zebe]dieu am sos mercenaris... — (F° 17) Sant
Luc. O Theophile, vejaire es a mi... — (F° 40 v°) Lo filh era al comensa-
ment... Explicit liber secundum evangelistarum. — (F° 64 v°) In ascentione
Domini. Mas certas ieu fis... — (F° 93 v°) Explicit liber Actus apostolorum.
Deo gracias. Incipiunt epistole beati Jacobi. Jaume sers de Dieu... —
(F° 96 v°) Expliciunt epistole beati Jacobi apostoli. Incipiunt epistole beati
Petri apostoli. Peyre apostol de Jhesu Xrist... — (F° 100 v°) Simon Peire
sers et apostol... — (F° 103) Ayso que fo del comensament (I JEAN)... Ieu
viels a la donna eleita... *Manque le commencement de l'Epître aux Romains.*
F° 117 v°, I Cor. : Pauls apostols de Jhesu Xrist per la voluntat de Dieu e
sostenent (*sic*) los fraires... — (F° 129) Pauls apostol de Dieu e Thimothieu
lo fraire... *Les Epîtres de saint Paul suivent dans l'ordre de la Vulgate.* F° 162,
l'*Epître aux Hébreux :* Deus parlant sa atras mot parlablament... — (F° 171)
Apocalipsi de Jhesu Xrist lacal Dieus donet a el... — *Fin* (f° 186) : ...am
totz vos verament. Amen. Finito libro sit laus et gloria Xristo. Amen. Qui
scripsit scribat semper cum Domino vivat. Amen. *Sur le même feuillet, on a
écrit au XVe siècle :* La cros de Nostre Senhor fom de IIII albres. Lo pe de la
cros fom de cedre, *etc. Notes marginales.*

Gilly, *l. l.*, p. LXII (cet auteur a publié l'Evangile de saint Jean, avec *fac-simile*); J. Wollenberg, *L'Evangile selon saint Jean en vieux provençal*, Programme du Collège royal français de Berlin, 1868. M. Wollenberg a publié l'Epitre aux Ephésiens dans l'*Archiv f. d. Stud. d. neueren Sprachen*, t. XXXVIII (1862), p. 75 et suiv.; K. Bartsch, *Chrestomathie provençale*, 4ᵉ édition, 1880, p. 331; P. Meyer, *Recueil d'anciens textes*, 1874, p. 32; L. Delisle, *Inventaire des manuscrits français*, t. I, p. 24; Comba, *l. l.*, p. 222 et suiv.

III. — CARPENTRAS, BIBL. MUNIC. Nᵒ 22.

170 millimètres sur 125. 325 feuillets. L'ordre des cahiers, qui étaient intervertis, a été rétabli à la Bibliothèque nationale, en janvier 1887. 2 colonnes de 28, et à la fin de 29 lignes. Titres courants rouges; chapitres de même; initiales alternativement bleues et rouges; rubriques; réclames. Ecriture du Midi de la France, du XIVᵉ siècle. La décoration rappelle les manuscrits italiens; les grandes initiales, où l'on a quelquefois mis de l'or au pinceau, sont ornées d'oiseaux et de divers insectes. Ancien nᵒ 1131. Le manuscrit provient de H. J. Thomassin de Mazaugues.

Inc.: « Incipit prologus sancti Ieronimi secundum Matheum. Cun (*sic*) Mathio aguessa prumierament... Incipit evangelium secundum Ma. Liber generacionis Jhesu Xristi filii David filii Abram. Mas Abram engenre Ysac... — (Fᵒ 33 vᵒ) Marc evangelista, apostol de Dio... Incipit evangelium secundum (*sic*). Lo començament de l'avangeli de Yhesu Xrist... Explicit evangelium secundum Marcum. — (Fᵒ 54) Car acerta moti se s'efforceron (*sic*)... Incipit evangelium secundum Lucam. I. Mas un preire per nom Zacaria... — (Fᵒ 90 vᵒ) Explicit evangelium secundum Lucam. Aquest es Johan evangelista... — (Fᵒ (91) Incipit evangelium secundum Johanem. Lo filh era al començament... Explicit evangelium secundum Johanem. *Suivent deux feuillets en blanc.* (Fᵒ 121) Incipit prologus epistolarum canonicarum. Nos legen que grant perseguccio fo fayta en la gleysa lacal era en Jerusalem en apres la mort d'Esteve... Jaco e Peyre e Johan... Explicit prologus. Incipit epistula sancti Jacobi. Jaco serf de Dio e del nostre segnor... Prologus. Al temp alcal la gleysa començe... L'apostol Peyre conforta aquiste scrivent a lor... Incipit epistula Petri prima. Peyre apostol... Prologus. Peyre scri aquesta segonda pistola... I. Simont Peyre serf e apostol... Prologus. Johan retornant del bandeiament enapres la mort de Domician... I. Nos anuncien a vos ço que fo del començament... Prologus. Johan scri a una fena de Babilonia... Epistola secunda Joan. Lo velh a la dona electa... Prologus. Johan scri a Gay... Epistola terça Joan. Lo velh al Gay carissime... Prologus. Juda apostol frayre de Jaco... Epistola Juda. Juda serf de Yhesu Xrist...—(Fᵒ 136) Tuit aquilh que volren viore bonament en Yhesu Xrist suffiren perseguecion, coma di Paul... Incipit liber Apocalip[sis]. Aquesta es la revelacion de Yhesus Xrist... — (Fᵒ 154) Prologus. Li Roman son aquilh lical cresceron de li Judic e de las genç... Li Roman son en las parç de Ytalia... Incipit epistola Pauli ad Romanos. Paul serf de Yhesu Xrist... — (F° 169) Li Corintian son en Achaya... Incipit epistola ad Corintios prima. Paul appela apostol de Yhesu Xrist per la volonta de Dio e Sostenes lo frayre... *Les épîtres de saint Paul suivent dans l'ordre de la Vulgate, avec les arguments ordinaires.* — (F° 209) Prologus. Lo es a dire prumierament perque l'apostol Paul scrivent non a serva en aquesta pistolla la soa costuma... Incipit epistola ad Hebreos. Dio parlant çay enderrier... — (F° 228) Luc anthioquient de la nacion de Siria... Incipit Actus apostolorum. O Theofili, acerta yo fi lo prumier sermon... cum tota fiança sença deffendament. — Prologus. (F° 266) L'entrepetracion de li tres libre de Salemon... Incipit liber Proverbiorum Salomonis. Aquestas son las semblanças de Salemon filh de David rey d'Israel... — (F° 290 v°) Incipit. Aquestas son las parolas de Clesastes... — (F° 299) La voz de la gleysa desirant l'avename[n]t de Xrist. El bayse mi... — (F° 304) Prolic. Lo libre de Sapiencia non se troba en alcun luoc en apres li Hebrio... Incipit liber Sapiencie. O vos li cal juja la terra, ama Justicia... (F° 312) en las mans del sant propheta (*fin du chap.* x). — Prolic. De motas cosas e de grant... Incipit liber Ecclesiasticus. Tota sapiencia es del Segnor Dio... que laysar filh fellon enapres si (XVI, 4). *Suit, d'une écriture du* XVe *siècle, la note mentionnée à la page* 396.

Rémerville de Saint-Quentin, *Pièces fugitives*, t. II, 1704, p. 270; Le Long, *Bibliotheca sacra*, t. I, p. 369; *Catalogue descr. et rais. des manuscrits de la Bibliothèque de Carpentras*, par C. G. A. Lambert, Carp., 1862, t. I, p. 4; H. de la Combe, *Revue des langues romanes*, 3e série, t. IX (1883), p. 209.

IV. — DUBLIN, TRINITY COLLEGE, A. 4. 13.

205 millimètres sur 160. 179 feuillets écrits, plus 2 réglés à la fin. 2 colonnes de 38 lignes. Initiales alternativement rouges et bleues, avec filets verts; chapitres et rubriques en rouge; réclames dans des cartouches; cahiers généralement de 12 feuillets; titres courants. En marge, parallèles en encre rouge pâle, paraissant plus récents. Au verso du premier feuillet, quelques passages, en partie de l'Ancien Testament.

F° 2 : Incipit prologus sancti Ieronimi secundum Matheum.... Cum Mathio agues prumierament.... Incipit euvangelium Matheum primo capitillo. I. Liber generacionis Yhesu Xristi filii David filii Abraam. Mas Abraam engenre Ysaac.... — (F° 64) Prologus. Li Roman so aquilh liqual creseron... (v°) Li Roman son en las part de Italia.... Incipit Epistola Pauli ad Romanos. I. Paul serf de Yhesu Xrist... — (F° 103 v°) Prologus. (104) Luc Anthioquient de la nacion de Siri..., Incipit Actus Apostolorum. O Theofili acerta yo fi lo prumier sermon.... — (F° 123) Incipit prologus epistolarum canonicarum. Nos legen que grant perseguesion fo faicta en la gleisa.... (v°) Incipit epistola sancti Jacobi. I. Jaco serf de Dio.... — (F° 133) Incipit liber Apecalipsi. I. Aquesta es la revellacio.... (F° 142) cum tuit vos. Amen. Deo gracia. 1522. — Prologus. L'entrepetratio de li 3 libre de Salemon.... Incipit liber

Proverbiorum Salomonis. I. Aquestas son las semblanczas.... — (F° 153 v°)
Aici comencza Clesiates. Aquestas son las parollas de Clesiates.... — (157 v°)
La voucz de la gleisa desira l'avenament de Xrist. El baise mi del baisament
de la soa boca.... — (159 v°) Prolic. Lo libre de Sapiencia non se troba..,.
Aici comencza lo libre de Sapiencia. Primo (*ms.* Prinio) capitulo. I. (160) O
vos liqual juja la terra....... (167) istant a lor en tot temp e en tot luoc. —
Prologus. De motas cosas e de grant.... (v°) Aici comencza lo libre de
Eclesiasticus. I. Tota sapiencia es del Segnor.... (179) car longuesa de dias
sare pres de lui (*fin du chapitre* XXIII).

J.-P. Perrin, *Hist. des Vaudois*, t. I, Genève, 1618, in-8°, p. 57; J. Léger,
Hist. gén. des Eglises évang. des Vallées de Piémont ou vaudoises, Leyde, 1669,
in-folio, t. I, p. 24; Gilly, p. XXVIII, *facsimile* (Gilly a publié d'une manière
très fautive l'Evangile de saint Jean); Herzog, *Die romanischen Waldenser*,
p. 55 et suiv., 99 et suiv.; Reuss, *ll. ll.*; Grüzmacher, *Jahrb. f. rom. u. engl.
Literatur*, t. IV (1862), p. 372 et suiv.; Todd, *The Books of the Vaudois*,
Londres et Cambridge, 1865, p. 1; P. Meyer, *Recueil d'anciens Textes*, p. 32;
Muston, p. 95; H. Haupt, *Die deutsche Bibelübersetzung der mittelalterlichen
Waldenser*, Würzbourg, 1885, p. 20 et suiv.; Comba, *l. l.*, p. 225 et suiv.;
C. Salvioni, *Bull. de la Soc. d'Hist. vaudoise*, n° 5 (1889), p. 35 et suiv.

V. — GRENOBLE, BIBL. MUNIC. U. 860.

210 millimètres sur 170. 316 feuillets. Cahiers de 8 feuillets. 2 colonnes de
26 lignes. Titres courants marqués à droite des feuillets *recto;* chapitres rouges;
initiales alternativement bleues et rouges, grandes initiales bleu et rouge;
rubriques; réclames, dont quelques-unes dans un cartouche ou sur une bande-
rolle. Parallèles marqués dans les Evangiles. Les leçons des Evangiles sont
notées en marge, jusqu'à Luc, IX, par les lettres E (« Evangeli ») et F
(« fins »). Ecriture ressemblant aux écritures italiennes, paraissant des premières
années du XV° siècle. Anciens numéros : 50 et 1006. Champollion-Figeac
cite ce manuscrit sous le numéro 8595 et nous apprend qu'il figurait dans le
catalogue des livres de M. de Caulet, évêque de Grenoble († 1771).

Prolic sobre Mathio. Cum Mathio hagues predica.... (v°) Ayci comença
l'euvangeli de sant Mathio. Aquest es lo libre de la generacion de Jhesu
Xrist filh de David... — (F° 35 v°) Prolic sobre Marc euvangelista. Marc
evangelista esleyt de Dio... Marc. Aquest es lo començament de l'evangeli de
Jhesu Xrist... — (F° 56 v°) Prolic sobre Luc evangelista. Luc de Siria per
nacion... Comença l'evangeli de sant Luc. Un prever per nom Zacharia... —
(F° 92 v°) Prolic sobre Johan evangelista. Aquest es Johan evangelista...
Comença l'evangeli sant Johan. Lo filh era al començament... — (F° 120)
Prolic sobre l'epistola de Paul a li Roman. Li Roman son en las part
d'Italia... Comença la epistola a li Roman. Paul serf de Yhesu Xrist... —
(F° 133) Prolic sobre la prima epistola de li Corinthian. Li Corinthi son de
Achaya... Comença la epistola. Paul apella apostol de Yhesu Xrist per la

volunta de Dio e Sostenes lo fraire... *Suivent les autres Epîtres de saint Paul, dans l'ordre de la Vulgate.* — F° 183 v° : Prolic sobre la epistola a li Hebrey. Prumierament lo es de dir... Dio parlant çay endereire... — (F° 193) Prolic sobre la epistola de sant Jaco apostol. Non es aital orde apres li grec... Comença la epistola de sant Jaco. Jaco serf de Dio e del nostre Segnor... — (F° 197) Epistola prima de Peyre. Peire apostol... (F° 200 v°) Simont Peire serf e apostol... — (F° 202 v°) Epistola de sant Johan. Nos anuncien a vos ço que fo del començament... (F° 206) Epistola a la dona esleita. Yo velh a la dona eileita (*sic*)... (v°). Epistola al Gay carissime. Yo velh al Gay carissime... — (F° 207) Epistola de Juda. Juda serf de Yhesu Xrist... — (F° 208) Comenczan li At de li apostol. O Theophile, acerta yo fey lo prumier sermon... e alcun d'aiço non contrastava a lui. Deo gracias. — (F° 249) Prolic sobre l'Apocalis. Tuit aquilh que volon viore en Xrist, coma di l'apostol... Apocalis. Aquesta es la revelacion de Jhesu Xrist... (F° 267) sia cum tuit vos. Amen. — (v°) Comença li Proverbi de Salomon. Aquestas son las semblanças de Salemon filh de David rey d'Israel... (F° 274 v°) mas lo sendier desvia mena a mort (*fin du chap.* XII). *Suit, après une demi-colonne en blanc,* f° 275 : Aici comença lo libre Ecclesiastes. Aquestas son las parollas de Glesiastes... (F° 284 v°) Aici comença lo libre de Sapiencia de Salomon. O vos liqual juja la terra, ama justicia... en las mans del sant propheta, etc^a. (*fin du chap.* X). F° 290 : Acomença lo libre Ecclesiasticus. Tota sapiencia es del segnor Dio... che laissar filh fellons enapres si, etc^a. (XVI, 4). F° 301 v° : Ayci comença Cantica Canticorum Salomonis. El beyse mi...

* Ce qui suit forme un cahier de papier de 12 feuillets (le 12e, réglé, est en blanc), réglé à 26 lignes comme le reste du manuscrit, mais en longues lignes. Il y a des touches jaunes dans les petites initiales. Ce cahier est encarté dans une feuille double de parchemin, dont le premier feuillet (305) est écrit et semblable au reste du livre, et le dernier (318) est en blanc, mais réglé. Le premier feuillet en papier (306), sur le verso duquel commence le lectionnaire, porte au recto les derniers versets du Cantique des Cantiques, refaits par la deuxième main, qui n'est pas antérieure au milieu du XVe siècle.

F° 306 v° : Ayci comença lo registre de li euvangeli e de las epistolas... — (F° 309 v°) De las oyt benayranças... — (F° 310) Pater noster aut en creacion... *Ib.*, v°, *extrait de* NOMBRES, XVII. *Fin* : Lo Segnor di aquestas cosas.

Champollion-Figeac a publié la parabole de l'enfant prodigue dans ses *Nouvelles recherches sur les patois*, Paris, 1809, p. 113, cf. p. 24. Voyez aussi Gilly, p. XLIV (*facsimile*); Reuss, *II. II.*; Herzog, p. 62 et 108; P. Meyer, *Recueil d'anciens Textes*, p. 32; Muston, p. 95; Comba, p. 224 et suiv.

VI. — CAMBRIDGE, BIBL. DE L'UNIVERSITÉ, DD. 15. 34.

140 millimètres sur 115. 158 feuillets; cahiers de 10 feuillets; 40 feuillets manquent. 25 longues lignes à la page. Grandes initiales en rouge ou bleu,

avec des ornements bleus et jaunes; rubriques, titres courants rouges; réclames dans des cartouches. Ecriture du commencement du xve siècle.

Ce manuscrit est marqué de la lettre *F* dans la série des manuscrits de Morland, auquel il avait été donné par un nommé Bellon.

(F^o 11) ...loqual es en li cel donare li ben a li demmandant a si (MATTH., VII, 11). *Saint Marc n'a pas été copié.* — F^o 38 v° : Aici comencza l'euvangeli de sanct Luc. Capitol prumier. Un preire per nom Zacharia... (F^o 42 v°) e tota carn veire la salu de Dio (LUC, III, 6). Aici comencza l'avangeli de sanct Johan. I. Lo filh era al comenczament... *Les feuillets 50 à 60* (JEAN, VI, 32-XIII, 29) *et 63 à 68* (JEAN, XV, 20-XX, 29) *sont arrachés. L'Evangile selon saint Jean finit au feuillet 70, où on lit aussitôt :* Aici comencza la prima epistola de li Corinthian. Capitol prim. Paul apella apostol de Yhesu Xrist per la volunta de Dio e Sostenes lo fraire... *L'Epître aux Galates commence au même feuillet 84 où finit la Ire aux Corinthiens :* Epistola a li Galacian. I. Paul apostol non d'omes ni per home... — (F^o 88 v°) Aici comencza la epistola de li Ephesian. I. Paul apostol de Yhesu Xrist... (F^o 93) Philipenczia. I. Paul e Thimotheo... *Le feuillet 94 est perdu. A la fin de l'Epître aux Philippiens, fo 96 v°, une place a été ménagée pour un titre en rubrique et pour une initiale qui n'ont pas été peints, puis on lit, de la grosse écriture employée pour la première ligne de tous les livres, comme si le scribe avait voulu copier la première Epître aux Thessaloniciens et avait changé de dessein :* [P]aul e Silvan e Thimotio. Gracia sia a la gleisa. *Après ces mots, le feuillet 96 v° se termine par la rubrique :* Epistola de sanct Paul Thimoteo prima. I. *Le feuillet suivant, qui contenait* I TIM., I-II, 8, *est perdu.* — F^o 100 v° : « Thimoteo secunda. I. Paul apostol... (F^o 103 v°, Tite) Paul serf de Dio... *puis* (f° 105), *sans lacune :* Hebreos, capitol XI. Mas la fe es substancia de las cosas a sperar..., *suivi de Prov.,* v (f° 106 v° : Proverbi, Capitol v. O lo meo filh, si tu promesies per lo teo amic...), *de Sap.,* v *et* VI (f° 107 v° : Sapiencia. v. Adonca li just istaren...) *et des Actes, dont la rubrique n'a pas été copiée.* F^o 109 v° : O Theophile, acerta yo fei lo prumier sermon... *Manquent les ff. 141* (XXII, 4-26), 146, sauf quelques mots, et 147-153 (ACT., XXVI, 4—JAC., V, 5). — F^o 154 v° : Epistola Petri I. Peire apostol de Yhesu Xrist... I. Simont Peire serf e apostol de Yhesu Xrist... *Les ff. 154 à 158 sont reliés en tête du volume. Le manuscrit finit avec le feuillet 158 v°, à* II PIERRE, II, 5. *Deux feuillets au moins ont été arrachés à la fin.*

Léger, *l. l.,* p. 25 et 61; *A Catalogue of the Mss. preserved in the Libr. of the Univ. of Cambridge,* t. I, 1856, p. 552; H. Bradshaw, *On the recovery of the long lost Waldensian Mss.* (lu le 10 mars 1862), *Antiquarian Communications de la Cambridge antiquarian Society,* fasc. XII, t. II, 1864, p. 203, reproduit par J. H. Todd, *l. l.,* p. 214; Ed. Montet, *Hist. litt. des Vaudois,* 1885, p. 3; Comba, p. 224 et suiv.

VII. — ZURICH, BIBL. DE LA VILLE, C. 169.

135 millimètres sur 100. 409 feuillets écrits. Papier. Cahiers de 16 feuillets. 24 lignes à la page. Initiales rouges; titres courants rouges; réclames à toutes les pages. Parallèles de l'Ancien et du Nouveau Testament en marge. Le texte des chapitres est divisé par les lettres marginales *A-G* ou *A-D*, destinées à la concordance. Manque un feuillet entre ACTES, XXVII, 14 et 32, ainsi que les feuillets 412 et 413 (APOC., XX, 6-XXI, 23). Ecriture ronde, paraissant italienne. — Ancien numéro 706. On lit sur la deuxième garde : « Gullielmus Malanotus, pastor Pedemontano-Valdensis, hoc Novum Testamentum celeberrimae Tigurinae academiae dono dedit, die decima septembris 1692. » Signatures du XVIᵉ siècle, folio 135 vᵒ : « Ce livre est a moi qui m'apele Jan Jaime qui le trouvera le me rende et je paljerai car mi deu... Jan Jaimo; » *ibidem :* « Jan Be(rnard?); » fol. 239 vᵒ : « Jaimo Benfi(s?); » « Toumas Brevore(?) »; « Jehan Jajmo, de Laval di Pragella. »

(MATTH., III, 17) : ...diczent : Aquest es lo meo filh ama.... — Fᵒ 45 : Ayci comencza lo sant evangeli de sant Marc. Cap. I. Lo comenczament del evangeli de Jhesu Christ.... — (76 vᵒ) Ayci comencza lo prolic sobre sant Luc. Car acerta moti s'esforceron.... Ayci comencza l'evangeli de sanct Luc, capitol I. Mas un preyre per nom Czacaria.... — (136) Ayci comencza lo sant evangeli de sant Johan. Lo filh era al comenczament.... — (182) Ayci comencza li Act de li Apostol, cap. I. O Theophile yo ay derant parla.... — (240) Aici comencza la epistola de sant Paul. Capitol I.... Paul serf de Yhesu.... (*Les Epîtres se suivent dans l'ordre de la Vulgate, sauf que l'Epître aux Colossiens précède celle aux Philippiens*). — Fᵒ 360 vᵒ : Ayci comencza la epistola de sant Jaco. Capitol I. Jaco serf de Dio.... (384 vᵒ) Ayci finis la epistola de Juda. Comencza lo libre de la Revelacion de sant Johan loqual es dit Apocalis. Aquesta es la revelacion de Yhesu Xrist.... cum tuit vos. Amen. Ayci finis l'Ap[ocalis] sant Johan. D[eo gracias]. Amen.

Lelong, *l. l.*, p. 369; Gilly, p. LII (*facsimile*); Reuss, *ll. ll.*; Herzog, p. 61; Muston, p. 96; Comba, p. 226 et suiv. Le texte de ce manuscrit doit être publié par M. C. Salvioni dans le tome XI de l'*Archivio glottologico italiano*.

VIII. — CAMBRIDGE, BIBL. DE L'UNIVERSITÉ, DD. 15. 29.

98 millimètres sur 69. Papier (filigrane : une colonne surmontée d'une croix, etc.) et parchemin. 4 feuillets de papier sont encartés à chaque fois dans un feuillet double de parchemin; en outre les deux premiers cahiers paraissent enveloppés ensemble d'un autre feuillet double de parchemin. La deuxième partie, depuis le f. 124, est en papier seulement. 241 feuillets écrits. 20 à 23 lignes à la page. Initiales au commencement de certains chapitres; touches jaunes dans les petites initiales; réclames. Plusieurs écritures, environ de la seconde moitié du XVᵉ siècle. Il est vrai qu'on voit, à la fin du

traité de la « Parolla de Dio », une date qui semble devoir se lire 1230. Ce chiffre, qu'on a essayé de corriger en 1530, paraît inexplicable. — « Benjamin Clemens Valclusonnensis possessor (xviie siècle) ». « J. Léger Illmo D. D. Morland. » Manuscrit *A* de Morland.

Fo 1 : Dio cree lo cel e la terra (GEN., I-IX).... *Suivent, fo 17, sans titre,* « las Animanczas. » Fo 172, « Herman : » L'angel dis a Herman : Converte vos... (179 vo) en la fossa.

Léger, p. 21; *Catalogue,* p. 552; Bradshaw, dans Todd, p. 216 et 221; Montet, *Hist. litt. des Vaudois,* p. 4 et 242.

IX. — CAMBRIDGE, BIBL. DE L'UNIVERSITÉ, DD. 15. 31.

86 millimètres sur 60. Le manuscrit comptait primitivement 109 feuillets. Papier de chiffe (filigrane : un double cadre...). Titres courants et grandes initiales rouges; touches jaunes dans les petites initiales. Ecriture paraissant de la seconde moitié du xve siècle. — Manuscrit *C* de Morland.

Fo 49, *après les* Tribulacions (*le f. 48 est perdu*), *sous le titre courant :* « 7 F. » (*c'est-à-dire : Les sept frères*), II MACH., VII, 5 — *fin.* — Fo 55 vo : Baron era en la terra d'Us.... (*un feuillet manque avant le f. 64; il contenait* JOB, III, 16 à 26). Fo 66 vo : Tobia fo del trip de la cita de Natalim.... Fo 109, la « Nobla Leyçon ».

Léger, p. 22; *Catalogue,* p. 552; Bradshaw, dans Todd, p. 215; Montet, *Hist. litt. des Vaudois,* p. 4 (*facsimile*); le même, *La Noble Leçon,* Paris, 1888, in-4o, p. 1 (*idem*).

Samuel BERGER.

RECHERCHES LINGUISTIQUES

SUR L'ORIGINE DES VERSIONS PROVENÇALES
DU NOUVEAU TESTAMENT

I. — MANUSCRIT DE LYON.

L'objet que je me propose est simplement de déterminer, au moins approximativement, la région où ont été exécutées les deux versions du Nouveau Testament, renfermées, l'une dans le ms. du Palais Saint-Pierre, à Lyon, l'autre dans le ms. de la Bibliothèque nationale fr. 2425, toutes deux étudiées par M. S. Berger dans le mémoire qui précède. Pour atteindre ce but, il n'est pas nécessaire de dresser le tableau complet des formes de langage que présentent les deux mss. : il suffit de noter celles de ces formes qui se manifestent, à l'époque indiquée par l'écriture des mss., sur un territoire relativement peu considérable, et de déterminer la région où elles coexistent.

Pour le ms. de Lyon, l'époque indiquée par l'écriture est la seconde moitié du XIIIe siècle. Si je ne craignais de trop préciser, je dirais volontiers que le ms. doit avoir été exécuté entre 1250 et 1280.

La langue de ce ms. est très uniforme et la graphie est assez régulière. D'où il est permis de conclure que l'auteur et le copiste étaient du même pays et que le premier n'est pas beaucoup plus ancien que le second.

Je prendrai en général mes exemples dans le quatrième évangile, qui, ayant été publié dans la *Revue des langues romanes*, 2e série, t. V, est facilement accessible. J'ai eu soin du reste de vérifier les textes cités.

1. — *A* tonique devient *e* sous l'influence d'un *i* posttonique : *ei* (habeo) Jo. IV, 17; V, 7, 36; *refarei* II, 19; *darei* IV, 14; *sei* (sapio) IV, 25; V, 32; IX, 12, etc. Ces formes (au lieu de celles en *ai*) sont habituelles dans la Haute-Loire, le Tarn, le Tarn-et-Garonne, le nord de la Haute-Garonne et l'Aude[1].

2. — *O* bref tonique reste *o* : *foc* MATT. III, 10, 11, 12; V, 22; Jo. XV, 6; *lox* Jo. IV, 20; *loc* Jo. V, 13; VI, 10, 23; *bous* (boves) Jo. II, 14. Toutefois, quand une mouillure suit, cet *o* est représenté par un *u*, qui est probablement le reste d'un *ue* appartenant à une phase antérieure : *pug*

---

1. Voy. *Chanson de la croisade alb.*, p. cxij.; pour la Haute-Loire, voir le *Cartulaire des Templiers du Puy*, p. p. A. Chassaing, nos I, XXII, XXIV, *et*; pour l'Aude, voir *Invent. des arch. communales de Narbonne*, annexes de la série AA, p. 34-5, les futurs *sostenrei*, *salvarei*, *trairei*, *farei*, etc.

(podium) Jo. IV, 20, 21 ; *puit* VI, 3 ; *ulh, ulhs* (oculi -os), IV, 35 ; VI, 5 ; IX, 10 ; *vulhas* (*voleas) V, 14.

Il y a ici deux faits dont le premier est, à l'époque indiquée, très général dans l'ouest et dans le centre des pays de langue d'oc, jusqu'à la longitude de Narbonne environ. Plus à l'est, on trouve ordinairement *uo, ue*. Quant au second, il est surtout fréquent dans le Tarn. On a de nombreux exemples de *Puglaurens* (Puylaurens, arr. de Lavaur), *Pugagut*, (arr. de Castres), *Puhcelse* (Puycelci, arr. de Gaillac), etc. Cette forme s'étend vers le Tarn-et-Garonne, mais bientôt, en continuant vers l'ouest, on rencontre *poi, poig, puoig, paci, puech*, etc.

3. — La finale latine -ant, dans les troisièmes personnes du plur. de l'ind. prés. de la première conjugaison, des imparfaits de toutes conjugaisons, du subjonctif présent des conjugaisons II à IV, se continue conformément à l'étymologie en *-an : azoran* Jo. IV, 24 ; *meravilhavan* IV, 27 ; *pregavan* IV, 31 ; *avian* I, 24 ; *venian* IV, 30 ; *sian* III, 20 ; *crezan* XI, 42. La finale -unt, à laquelle s'est assimilée très anciennement la finale -ent, donne -o, voir plus loin, § 5. Il arrive parfois, mais très rarement, que cette finale se substitue à *-an : querelavo*, MARC. I, 30. La persistance d'*-an* est un caractère assez peu précis. On le constate surtout en Provence [1] et dans le sud du Dauphiné [2]. Sur la rive droite du Rhône *-an* se maintient, plus ou moins mêlé à la finale *-o* ou *-on*, dans le Gard, dans l'Hérault, dans l'Aude, l'Ariège, la Haute-Garonne et jusque dans les pays gascons [3], mais, en dehors de la Provence, on ne trouve *-an* pur, comme dans notre texte, que dans l'Aude et l'Ariège. Le Tarn doit être exclu, car les pièces relatives à la seigneurie de Dourgne, dans l'arrondissement et au sud de Castres, près de la limite de l'Aude, présentent, dès la fin du XIIe siècle, les finales en *-o*.

4. — CT est représenté, comme en français, mais naturellement avec une prononciation assez différente, par IT : *fait, faita, faitas*, Jo. I ; de même *ditas* (pour un plus ancien *diitas*) Jo. VII, 9 ; IX, 6 ; toutefois, dictum est rendu par *dig*, Jo. VI, 41. On sait que le résultat le plus général du groupe latin CT est CH, surtout lorsque la voyelle qui suit persiste : *facha, dicha*, le masc. étant *fag* (g palatal) ou *fach, dig* ou *dich*. La forme *it*, pour le lat. *ct*, se rencontre d'abord dans toute la région septentrionale de la langue d'oc, assez naturellement, puisque c'est aussi la forme française ; mais, de plus, on l'observe plus ou moins régulièrement dans le sud du Tarn, dans l'Aude [4] et jusqu'au nord de l'Ariège [5].

---

1. Voy. le mémoire sur les troisièmes personnes du plur. en provençal, *Romania*, IX, 201, § 8.

2. *Romania*, XIV, 277.

3. Mémoire cité §§ 17-8.

4. *faita, faitas*, Narbonne, *Invent. des arch.*, annexe de la série AA, pp. 29, 31, 74, mais *dicha, avandicha* dans les mêmes pièces ; *forfacha, ibid.*, p. 76.

5. A S. Pierre de Lézat (extrême nord de l'Ariège, limitrophe de la H. Gar) *dreit, dit, predit, preditas* ; voy. mon *Recueil d'anc. textes*, partie prov., no 52.

5. — *N* Instable (en général c'est l'*n* intervocal en latin, mais final en roman) tombe dans les finales toniques correspondant au lat. -a n u m, -a n e m, etc., *pa, vi, baro, maiso,* etc., et dans les finales atones des troisièmes pers. du plur. correspondant au lat. -u n t, *presero, crezesso, recenbero, crezo, so, tramesero,* etc., Jo. I. Ce caractère exclut toute la partie orientale des pays de langue d'oc, à partir de Narbonne et des Cévennes[1].

6. — Un grand nombre d'adjectifs et de pronoms, et certains substantifs, de ceux qui ont une forme pour chaque genre (*Juzieu -a, serv -a*), et qui par conséquent ont, en un certain sens, des adjectifs, gardent au pluriel-sujet l'*i* du latin. J'ai traité ici-même de cette particularité, et j'ai cité, à ce propos, des exemples tirés de la version de saint Matthieu contenue dans le ms. de Lyon[2]. En voici quelques autres tirés de saint Jean :

Et *aquilhi* que avian estat *trameissi* (I, 24).
Que vos siatz *salvi* (V, 34).
Nos no em *nadi* de fornicacion (VIII, 41).
Vos seretz *franqui* (VIII, 37).

Citons encore *doi* I, 35, 37 ; *soli* VI, 23 ; *nos meteissi* IV, 42 ; *alcanti* VII, 25 ; *Juzeui, Juseui* I, 19 ; IV, 9 ; V, 10, 18 ; *servi* IV, 51. Ces formes sont fréquentes dans l'Aude[3] et le Tarn[4] et dans la partie de la Haute-Garonne qui confine à ces deux départements. Je les ai retrouvées récemment dans la Corrèze[5].

7. — Les prétérits de la première conjugaison se terminent à la troisième personne du singulier, en *ec*, sans mélange de la forme *et* : *donec, dec, estec, portec, recontec,* etc., Jo. I. L'analogie des prétérits, tels que *crec* (c r e v i t) a donc entièrement triomphé. C'est un caractère de la langue du Tarn, de l'Aude, de la Haute-Garonne, de l'Ariège[6].

---

1. A Narbonne même, la langue est sur ce point assez hésitante, mais les formes en *u* dominent : *sun* (s u n t), *son* (s u u m), *non, rason, devon,* etc., *Invent. des arch. communales de Narbonne,* annexes de la série AA, p. 22-3. De même dans le Gévaudan où l'on trouve concurremment l'un et l'autre usage.

2. *Romania,* XIV, 291-2.

3. « Si alcus coffrayre o coffrayressa se eran *morti.* » Rég. de la confrérie de Fanjaus, arr. de Castelnaudary, *Musée des arch. dép.,* n° 90, p. 181. On trouve *ensenbadi, encolpadi,* dans la coutume de Limoux, éd. Buzairies, p. 65.

4. J'ai cité, *Romania,* XIV, 291, *li predichi seniori* et *encolpadi* comme se trouvant dans une charte de 1256, écrite dans l'arr. de Rodez. C'était une erreur. Ce document, qui appartient à l'École des Chartes, et que j'ai sous les yeux, concerne Cadix, Tarn, arr. d'Albi, canton de Valence, à peu de distance, il est vrai, de la limite de l'Aveyron. Je n'ai pas rencontré d'exemples du fait ici étudié dans les documents de l'Aveyron que je connais.

5. *Romania,* XVII, 632.

6. Voy. *Daurel et Béton,* p. lxiij. A cet endroit, je n'ai pas cité d'exemples du dép. de l'Aude. Citons *comandec, donec,* dans les *Coutumes de Limoux,* éd. Buzairies, p. 88, 90, 91 (il y a *pauzet,* p. 89). On trouve *cazec* dans le règlement de la confrérie de Fanjaus (*Musée des arch. dép.,* p. 184). Cet exemple, à dire vrai, est assez peu probant, parce que même dans l'Est on trouve indifféremment *razec* et *cazet.*

Des divers faits qui viennent d'être passés en revue, aucun n'est assez
précis pour suffire à dater de lieu le ms. de Lyon, mais, s'ils se trouvent coïncider en un certain territoire, ce territoire sera assurément celui où la version
aura été faite. Or on a pu remarquer que tous en effet sont constatés, à
l'époque indiquée, dans le langage de l'Aude. Presque tous se retrouvent
dans le Tarn; cependant l'usage constant des troisièmes personnes en *-an*
pour le latin *-ant*, alors que dans le Tarn, et même dans le Sud, ces mêmes
finales sont plus généralement en *-o* (§ 3), me conduit à opter pour l'Aude.
On peut préciser davantage et écarter la partie orientale de ce département.
A Narbonne, en effet, l'*n* finale ne tombe pas aussi constamment que dans le
ms. de Lyon (§ 5)[1].

II. — MANUSCRIT DE PEIRESC; PARIS, BIBL. NAT. FR. 2425.

Ce ms. est visiblement moins ancien que celui de Lyon. On ne peut guère
le faire remonter au delà des premières années du XIVe siècle. La version
aussi, assez littérale et ne donnant pas, comme un fragment qui sera publié
plus loin, une idée parfaitement exacte de l'état de l'idiome à l'époque où elle
a été rédigée, parait aussi plus moderne.

Pour rendre plus facile les rapprochements avec les faits étudiés dans la
notice précédente sur le ms. de Lyon, je prendrai mes exemples dans l'évangile
de saint Jean, me servant de l'édition publiée en 1868 dans le programme du
collège royal français de Berlin. L'auteur de cette édition, M. J. Wollenberg,
que j'ai beaucoup connu pendant son séjour à Paris, vers 1860, était plutôt
helléniste que romaniste; mais il travaillait avec soin, et la copie de l'évangile
de saint Jean qu'il a publiée ne renferme qu'un bien petit nombre d'inexacti-
tudes, en général fort légères. Il faut seulement vérifier avec soin les notes où
ont été reléguées à tort un certain nombre de bonnes leçons.

Un des faits qui, en dehors de la phonétique, indiquent le plus clairement
une date relativement peu ancienne, est l'usage de *va*, *van*, avec un infinitif,
pour marquer le prétérit de narration. *Va* (ou *van*), *dire, respondre,* est constant
pour le latin dixit, dixerunt, respondit. On peut encore citer *va s'en*

---

1. Je n'ai fait aucun usage du document publié par Cros-Mayrevieille, sous
le titre de *Las costumas et las libertats* [*de la ciutat et del viscomtat*] *de Carcasona*,
dans les *Mémoires de la Société des arts et des sciences de Carcassonne*, I (1849),
273-297, parce que ce document n'est pas ce qu'il passe pour être. C'est simplement une suite d'extraits du *Petit Thalamus*, de Montpellier, pris dans
l'édition de la Société archéologique de Montpellier, pp. 5 et suiv. Cros-
Mayrevieille, qui naturellement n'indique pas la source, s'est borné à substi-
tuer, là où il était besoin, *Carcassona* à *Montpeslier*. La supercherie a été facilitée
par cette circonstance que la coutume de Carcassonne est copiée, comme on
le sait, sur celle de Montpellier. Par suite, la traduction de cette dernière que
renferme le *Petit Thalamus* s'applique assez bien à la première. Mais c'est la
langue de Montpellier et non celle de Carcassonne.

fugir IV, 15, *va se clinar, va se dreyssar, va escrieure, van s'en issir* VIII, 6-9, *lo van menar* IX, 13, *van li demandar* IX, 15, *va lo adorar* IX, 38, etc. Cette forme périphrastique caractérise plutôt une époque qu'un pays. On la trouve, en effet, un peu partout, depuis les Alpes jusqu'en Catalogne[1], mais elle est bien rare avant la fin du XIIIe siècle. Pour ce motif et pour d'autres encore, je suis porté à croire que la version n'est pas très notablement plus ancienne que le ms. Mais, en tout cas, il est sûr que ce dernier n'est pas un original. Les fautes et les omissions qu'on y remarque montrent que c'est une simple copie.

Abordons maintenant l'examen phonétique. Autant que possible je classe les faits sous les mêmes numéros que pour le ms. de Lyon.

1. — La forme qui correspond à h a b e o et par suite celle des futurs à la première personne du singulier est *ai*. Il n'y a là rien de bien caractéristique; il faut seulement exclure le domaine indiqué ci-dessus, p. 423 pour la forme *ei*.

2. — *O* bref se diphthongue en *uo* : *fuoc* XV, 16; *luocs* IV, 20; *luoc* V, 13; *buouos* (pour *buous*) II, 14. Ce fait n'est pas non plus très spécial; il indique cependant d'une façon générale la partie orientale des pays de langue d'oc. Suivi d'une mouillure cet *o* bref se diphthongue en *ue* : *puey* IV, 21; VI, 3; *huuels* IV, 35; *uuelhs* VI, 5; *huuelh* IX, 10; *uuels* XI, 37; *vuelhas* V, 14; VIII, 11[2]. Ceci est encore de la région orientale.

3. — La finale latine -a n t se conserve régulièrement, moins le *t* : *comensan* IV, 35; *cujavan* XI, 13; *environavan* X, 24; *avian* I, 24; *querian* VII, 1; *crezian* VIII, 30; *dizian* VIII, 6; *sabian* II, 9; *conoysian* XI, 8; *eran* I, 13; *crezan* XI, 42; *sian* III, 20. De même au plus-que-parfait du subj.; *demandessan* I, 19; *gitessan* VIII, 59; *crezessan* I, 7; *poguessan* VIII, 6; *aucisessan* XI, 53. Ce n'est qu'exceptionnellement qu'on trouve -o" · *adoron* III, 24. Notre ms. se distingue ici du ms. de Lyon en un point : il forme les plus-que-parf. du subj. en -*essa*, -*essas*, …-*essan*, tandis que Lyon les forme en -*es* …-*esso*[3]. Ces particularités indiquent la région méridionale ou orientale de la Provence ou l'Ariège, ce département étant exclu par plusieurs caractères.

4. — *CT* est représenté par *ch*, qu'il y ait ou qu'il n'y ait pas à la suite une voyelle : *fach, facha, fachas* I; *dich* VI, 41; IX, 9; *dichas* VII, 9; *endrech*, VIII, 38. C'est la forme la plus habituelle dans le sud, le centre et l'est de la langue d'oc.

5. — *N* instable persiste : 1° quand il correspond à la finale latine -u n t et dans *fon*, 3e pers. sing. du prét. d'*esser*. Voici les exemples que fournit le premier chapitre : *fo.., conpreenseron, receupron, crezon, envieron, demanderon, foron, auziron, segniron, disseron, vengron, viron, isteron*; — 2° quand, intervocal en latin, il se trouve en prov. suivi de l's de flexion : *pans* VI, 11, 13, 35, 48;

---

1. Voy. ma notice sur *Guillaume de La Barre*, p. 37; *Bull. de la Société des anciens textes*, 1883, p. 63; *Romania*, XIII, 139, etc. Cf *Leys d'amors*, III, 39[2].

2. Exceptionnellement *vulhas* VI, 43.

3. *Enteroguesso* I, 19; *giteso* VIII, 59; *crezesso* I, 7; *poguesso* VIII, 6; *aucizesso* XI, 53.

Samaritans IV, 39; VIII, 48; *sans* (sanus) V, 4; *bons* X, 11, 14; *mayzons* (mansiones) VII, 53; *maysons* (messiones) IV, 35; *uns* IV, 37; *alcuns* III 32; *nenguns* III, 2, 3, 5; VI, 66. Cependant *us* III, 1, *alcus* III, 25; VII, 19. — En dehors de ces deux cas l'*n* tombe généralement : *ma* (manum), III, 35, *rema* (remanet) III, 36; *pa* VI, 5, 59; *fe* (fenum) VI, 10; *ple* (plenum) I, 14; *ve* (venit) III, 31; *vi* II, 3, 8, 10; *baro* I, 13, 30, *mayzo* II, 16, 17; *sarmo* VIII, 43; *to* (tuum) V, 11; *alcu* VI, 65; *nengu* V, 22[1]. Cependant *pan* VI, 7, 24, 31, 31-4; *Samaritan* IV, 40; *ven* (venit) III, 20-1, IV, 23, 25; V, 28; *don*, IV, 10; *question* III, 25; *ton* (tuum) V, 8. — Le lat. *in* et *non* donnent *en*, *non*, parfois *no*.

Je ne connais pas de texte qui se comporte exactement comme le nôtre dans les cas visés ci-dessus. Ce n'est d'ailleurs que dans un document d'une assez grande longueur (et les documents datés de lieu sont généralement assez courts) qu'on pourrait vérifier ces divers cas. Mais, en somme, on voit qu'en général l'*n* instable subsiste, caractère constaté dans la partie orientale de la langue d'oc et notamment en Provence.

6. — Les pluriels sujets en *i*, du Nouveau Testament de Lyon, ne sont pas tout à fait inconnus au ms. de Paris, mais ils y sont bien rares : « *veri adorador* » IV, 23[2]. On y peut constater plus souvent une particularité assez analogue que le ms. de Lyon ne connaît pas, un cas régime en *os* qui se montre dans quelques pronoms et adjectifs : « entre *tantos* » VI, 9; « fara *molos* signes » VII, 31; « entre *ellos* meteyces » VII, 35; « per *aquellos* » XVII, 20; *aquestos*, ACT. I, 5, ci-dessus, p. 366. Les exemples que je connais de ces régimes pluriels sont fournis par des documents assez peu anciens et appartenant à la région orientale. Je trouve *aquestos*, dans la vie de Douceline (mon Recueil, 35, 18), dans l'abrégé de la Bible (Bartsch, *Chrest.*, 396, 18), dans un document de Castillon du Gard, arr. d'Uzès, daté de 1397[3]; *aquellos*, à Tarascon, en 1422 (Bartsch, *Chrest.*, 400, 14) ; *aquestos*, *aquellos*, *ellos*, le nom propre *Ausorgos* à Manosque, au commencement du XIVe siècle[4], *Ellous*, *aquellous* se rencontrent plusieurs fois dans les requêtes (Aix, XVe siècle) imprimées dans les *Statuts et coustumes du pays de Provence* (Aix, 1620, in-4°).

7. — Les prétérits formés sur le type du latin *dedi* font ordinairement à la 3e pers. du sing. *et* (non *ec* comme le ms. de Lyon). Assez souvent cette terminaison *et* se réduit à un simple *e*, sans doute prononcé *é* : *atrobe* II, 14; *creze* IV, 53; *responde* V, 7. Le prét. en *et* indique la partie orientale de la langue

---

1. Je ne mentionne pas les mots empruntés au latin, tels que *purificacio*, *resurrexio*, etc.

2. A cet endroit, Lyon porte *li ver adorador*.

3. Charvet, *Un épisode d'histoire locale sous le règne de Charles VI*, Nîmes, 1877), pp. 11, 17, 21, 22 (*Mém. de la Soc. scientifique et litt. d'Alais*).

4. D. Arbaud, *Études historiques sur Manosque*, pp. 50-1, pièce tirée du Livre des privilèges de Manosque où ces formes sont fréquentes.

d'oc ; la chute du *t* se manifeste, dès la fin du xı^e siècle, dans la pancarte des
cens de Montelier (Drôme), imprimée dans mon *Recueil d'anc. textes*, sous
le n° 40[1]. Il y en a d'assez nombreux exemples dans le poème de la croisade
albigeoise et ailleurs[2].

Je citerai, en dernier lieu, quelques particularités pour lesquelles il n'y a pas
lieu à comparaison avec le ms. de Lyon. Hibernum donne *uvern*, x, 22,
actuellement *uvern* dans les Alpes (Mistral)[3]. La forme ordinaire *derrier*
(dernier), qui est employée dans vi, 39, 40, 55, devient *redier*, vii, 37;
xi, 24. Cette dernière forme paraît être spécialement provençale, car, des
deux exemples cités par Raynouard (*Lex. rom.* V, 78), l'un est tiré de la vie
de saint Honorat, l'autre d'un texte écrit par l'Arlésien Bertran Boysset, et on
la trouve aussi dans la Vie de Douceline et dans les notes de Peire de Serras[4].
Notons enfin *redieramen* dans les *Statuts et coustumes du pays de Provence*,
p. 146. *Radié* est relevé dans le dictionnaire de Mistral comme marseillais.

Il y aurait bien d'autres faits à noter, par exemple l'usage de *li*, article
fém. sing. sujet, et diverses particularités intéressantes dans l'emploi des
pronoms. Mais, pour le ms. de Paris comme pour celui de Lyon, je me suis
proposé, non de présenter un relevé complet des faits linguistiques, mais seulement de signaler ceux de ces faits qui peuvent servir à déterminer la région
dans laquelle chacune de ces traductions (ou à tout le moins chacune des deux
copies) a été faite. Or il me semble suffisamment établi que le ms. 2425 a été
écrit en Provence, et plutôt dans le sud ou le sud-est (à cause des troisièmes
personnes en -*an*) que dans le Nord.

Paul MEYER.

---

1. *Compre*, lignes 15, 67-8, 113; *done*, l. 54, 69; *acesse*, l. 71.
2. Par ex. *comense*, dans le Registre de la Fanjaus (*Musée des arch. dép.*
p. 180).
3. *Huvern*, *huvert*, avec un *h* bien inutile, dans Chabrand et Rochas d'Ai-
glun, *Patois des Alpes Cottiennes*. Cf. *ufer* (infernum) dans la *Comédie de
Seigne Peyre e Seigne Joan* (jouée à Montelimar et imprimée à Lyon en 1580),
v. 60; *unfert* dans *Les chansons du Carrateyron*, Aix (?), xvie siècle (réim-
pression de Gay, Nice 1873, pp. 25-6).
4. *Romania*, XIII, 538, *redieyra*, ligne 19.

FRAGMENT

D'UNE VERSION PROVENÇALE INCONNUE

DU NOUVEAU TESTAMENT

―――――

Ce fragment a été trouvé par M. Mireur, archiviste du Var, à qui j'en dois la communication, dans les archives de Puget-ville (canton de Cuers, arr. de Toulon), où il servait de couverture à un registre de comptes. Je propose de le dénommer *fragment du Puget*. C'est un débris de feuille de parchemin qui, dans son entier, formait deux feuillets à deux colonnes par page. De l'un de ces deux feuillets, il ne reste plus que la marge intérieure avec quelques lettres, l'autre est rogné en biais du côté extérieur, en sorte que la première colonne du recto et la seconde du verso sont entières, sauf quelques lacunes dans le haut, le parchemin étant à cette place troué et taché par suite de l'humidité, tandis que la seconde colonne du recto et la première du verso sont mutilées dans le sens de la longueur. Les bouts de ligne qui subsistent dans ces deux colonnes sont plus longs vers le haut que vers le bas, le feuillet ayant été rogné en biais. La hauteur du feuillet simple est, dans l'état actuel, 0.277, la largeur 0.160 en haut et 0.150 en bas. Les colonnes pleines sont de 46 lignes. L'écriture est du milieu environ du XIV* siècle. Le feuillet est numéroté à sa partie supérieure, *XVIII;* ce chiffre a été placé par le copiste ou du moins par le rubricateur du ms. Ce feuillet XVIII commence avec MATHIEU XXVIII, 8[1], et se termine à MARC I, 32. Mais, par un accident singulier, il se trouve que le même feuillet nous a conservé le texte de MATHIEU XXVI, 1 à 4 et 17 à 21, qui n'y a jamais été écrit. Voici comment s'est produit ce fait dont l'énoncé peut

―――――

1. Ou à peu près, les quatre premières lignes sont presque entièrement illisibles ; je commence, dans la transcription ci-dessous, au verset 9.

paraître surprenant. Le feuillet précédent, qui devait être numéroté *XVII*, s'est trouvé, à un certain moment, mouillé et appliqué contre le feuillet conservé, de sorte que plusieurs lignes se sont imprimées à l'envers sur celui-ci, et peuvent encore se lire dans une glace.

Cette version est nettement distincte des deux versions que nous ont conservées le ms. de Lyon et le ms. Peiresc. On en jugera par la comparaison avec quelques lignes de ces deux derniers mss. qui seront rapportées plus loin.

Je vais présentement transcrire ce que j'ai pu lire du fragment communiqué par M. Mireur, en commençant par les parties du fol. XVII qui se sont imprimées à l'envers sur le fol. XVIII. Je reproduis le texte ligne pour ligne.

Col. I.

(XXVI, 1) E [1].., Jhesus Christ ac aca-
-badas aquestas parau-
-las, dis als sieus disci-
-pols : (2) « Vos sabes que apres
.ij. jorns pascha sera
ell fill de Dieu sera trahitz e levatz en
cros. (3) Adoncx........ los ma-
-jorals dels capellans els ancians
del pobol en la sala del primce ques
avia nom Cayphas, (4) e feron conselh
contra Jhesus si lo poyrian penre fal-
[sament.

Col. II.

(XXVI, 17) El [2] premier jorn davant.... [3]
vengron los discipols a *Jhesu dizen* [4] :
« On vols ques anem (?) nos et appa-
[*relhem*
« la pascha ? » (18) Jhesus lur dis :
[« An*atz* *en*
« la ciutat ad alcun home, e *digatz*
« li : Lo maïstre dis : Lo mieu *temps*
« appropja. Ab tu tenray pascha *ab los*
« mieus discipols. » (19) Els disc*ipols*
feron aisso con Jhesus lur avia *coman-*
-dat et apparelleron la pasca.
(20) Cant [5] fo vespres a.........
la taula per sopar am *sos* .*xij.*
discipols. (21) E cant mang*eron* (?)
« Verament vos dic que .j. de vos

Nous arrivons maintenant à ce qui appartient en propre au feuillet coté XVIII. La première colonne étant bien conservée, il n'est pas utile de la transcrire ligne pour ligne.

---

1. Ici commence un alinéa dans le ms., avec un grand *E* qui occupe la hauteur de cinq lignes. La lecture des quatre premières lignes est en partie conjecturale, parce que les deux écritures, dirigées en des sens différents, sont superposées.

2. Alinéa et grande capitale.

3. Vulg. *Prima autem die azymorum....*

4. Je restitue la fin des lignes en italiques.

5. Alinéa et grande capitale.

Recto col. I.

. . . .

.....[1] : « (XXVIII, 9) Dieus vos sal ! » Ellas se aginoilheron a sos pes et adoreron[2] lo. (10) E Jhesus dis : « Non aias pahor. Anatz dir als mieus disci- « pols que anon en Galilea et aqui me veyrant. »

(11) Cant[3] s'en foron anadas, alcuns de las guardas vengron en Jherusalem e conteron tot lo fach als majorals capellans. (12) Et els ajosteron si e feron conscelh qu'els donessant deniers a las guardas, (13) e disseron lur : « Digas « quels sieus discipols vengron de nuech et embleron lo vos, cant dormiatz[4]. « (14) E si Pilat o sap, nos vos acabarem, que sias segurs. » (15) Els preseron la moneda e feron so que lur aviant dich los Juzieus. Et aquestas paraula[s] foron manifestadas entrels Juzieus tro al jorn d'uhey.

(16) Los[5] .xj. discipols aneron en Gualilea en .j. puech ont Jhesus lur avia mandat. (17) E cant lo viron els lo adoreron; et alcuns d'els dupteron. (18) Venc Jhesus e dis lur : « Dieus mi a donat tot poder en cel et en terra. « (19) Donc anat e predicatz totas las gens e batejatz los en nom del Paire e « del Filh e del sant Esperit. Amen. (20) Ensenhat (?) los e gardatz tot cant « vos ay comandat, et yeu seray ab vos tostemps tro a la fin del segle, per « secula seculorum. Amen. »

Ayssi fenis l'avangeli de sant Mathieu.

Au dessous de l'explicit, dans le peu d'espace blanc qui restait au bas de la colonne, on a représenté, au simple trait, une scène à plusieurs personnages qui est devenue trop indistincte pour qu'on en puisse déterminer le sujet. Il ne reste plus, en effet, que quelques parties de ce dessin sur lequel se sont imprimées plusieurs lignes du feuillet précédent. Ce qu'on en distingue encore rappelle en une certaine mesure les dessins qui ornent le ms. du poème de la Croisade albigeoise[6]. La seconde colonne contient un abrégé de l'argument de l'Evangile selon saint Marc. Elle commence par une grande M capitale dessinée au simple trait et renfermant un lion ailé. Les six ou

---

1. Je remplace par des points les quatre premières lignes qui sont trouées et noircies, de sorte qu'on n'en peut lire que quelques lettres.

2. Le copiste avait d'abord écrit *aorelo* qu'il a exponctué.

3. Alinéa et capitale ornée dans le ms.

4. Le traducteur a lu *vobis dormientibus*, au lieu de la leçon plus ordinaire *nobis*.

5. Alinéa et capitale ornée. En marge, à l'encre rouge : *Feria .vja. post Pasce.*

6. J'ai dit autrefois, dans mon introduction à ce poème (p. xxiv), que ces dessins étaient probablement destinés à être coloriés, mais cette conjecture me paraît actuellement fort douteuse.

sept courtes lignes écrites à la droite de cette figure sont coupées. Je transcrirai les premières lignes seulement de cette colonne, en reproduisant exactement la disposition du ms. La traduction étant fort abrégée, une tentative de restitution laisserait trop de place à la conjecture.

Col. II.

M.......................... [1]
....
ellans dels Juzieus..........
de Levi convertit. Et..........
de Jhesu Christ parlant e..........
el comensament parla..........
-han Baptista filh de..........
message de Dieu que..........
desert l'aveniment..........
-strant la soa enca..........
-bement del sant Es..........
-ment del sieu ave..........
aquel que legira con..........
-sament de la enca..........
E pueys escris la r..........
baptisme de Jhesu..........
de la encarnacio..........
....

Au verso commence proprement le second Évangile. De la première colonne, qui est rognée, et où ce qui subsiste d'écriture est très usé et taché, je donne seulement les premières lignes avec un essai de restitution en italiques :

Verso. col. I.

[2] e comensament *del*
evangeli de Jhesu
segon sant March,
(2) ayssi com Ysayas lo
prophetizet : « Ieu tra-
-metray lo mieu
message davant

---

1. La typographie ne peut pas bien rendre l'aspect du ms. La majuscule occupe en largeur toute la partie conservée de la colonne, et en hauteur l'espace de sept lignes.

2. L'espace marqué par ce rectangle était occupé par une L capitale.

la fassa, ques endressara la
tieua via. (3) E cridara al desert :
« *aparelhas* vos d'anar per la dre-
-*cha via del* senhor. » (4) Johan era el
desert, e baptizava e predicava ba-
ptisme de penedenssa en remission
de peccatz. (5) Et yssian ad el totz
cels de Judas et de Jherusalem per bap-
ptizar e lavar lurs peccatz. (6) E
Johan era vestit de pels de camels
. . . . .eia la soa man-
. . . . .que hom apella.
. . . . .mel salvage. E
predicava lizent : (7) Plus fort de mi vi-
ndra. . . . .

Col. II.

. . . . . .[1] (17) farai vos pescadors d'omes. (18) Mantenent laisseron las
retz e seguiron lo; (19) et aneron .j. pau avant, o viron[2] e Johan filh de
Zebedieu que reparavan lurs retz, (20) et appellet los. Mantenent laisseron
lur paire et la barca e los loguadiers, e seguiron los. (21) Els intreron en
Capharnaum, e mantenent intret en la synagoga e predicava los. (22) E totz
s'en meravilhavan de la soa doctrina, car el predicava per la vertut del sant
Esperit, non pas aissi con los savis de lur ley.

(23) E[3] la sinagoga era .j. home endemoniatz (24) que cridava : « Que
« as tu a far de nos, Jesus de Nazaret, tu que iest[4] vengutz per destruir nos ?
« Yeu say que yest filh de Dieu. » (25) Jhesus li menasset e dis : « Calla
« et yest d'aquest home. » (26) El demoni lo turmentava et issi d'el cridant
fortment. (27) E totz se merevilhavan e parlavan entre els de la soa doctrina
novella, dizent : « El a poder de commandar als demonis e de gitar los
« deforas, et els ly son obediens. » (28) E la soa fama s'escampet per tota
Gualilea.

(29) Cant[5] yssiron de la synagoga, vengron a mayson de Peire e
d'Andreu, ab Jacme e Johan. (30) E la sogra de Peire jazia malauta de febre,

---

1. Les trois premières lignes sont perdues.

2. Corr. *e viron* [*Jacme*]. Vulgate : « Et processus [Jesus] inde pusillam vidit
« Jacobum Zebedee et Joannem fratrem ejus. »

3. Alinéa et initiale ornée.

4. *Iest* et *yest* à la ligne suivante est la seconde personne sing. du prés. de
l'ind. *d'esser* (*es*, dans Lyon, *es* et *sias*, forme relativement plus moderne,
dans le ms. Peiresc). Au verset 25, *yest* correspond à l'impératif *exi*.

5. Alinéa et initiale ornée.

e mantenent li disseron. (31) Ve[n]c Jhesus e levet la per la man ; mantenent la laisset la febre e ministrava lur. (32) Et al vespre, cant lo soleilh si fon entratz[1], li prezenteron los malautes e tostz aquels......

J'ai dit plus haut que le fragment du Puget représentait une version différente de celles que nous connaissions déjà. On ne conservera aucun doute à cet égard pour peu qu'on prenne la peine de comparer les versets I, 20-28 du texte qui précède avec les passages correspondants des mss. de Lyon et de Paris. Je choisis ce morceau parce que le ms. de Paris, en son état actuel, commence au milieu du verset 20 du premier chapitre de Marc.

LYON.	PARIS, FR. 2425.
E laissero lor paire Zebedeu e la nau ab los sirventz e seguiro lo, (21) et intrero en Cafarnaum. Et eissa ora los disabtes es intratz e la sinagoga et essenhava los. (22) Et espaventero se sobre la doctrina de lui, quar era essenhantz els coma si agues poder, e no si cum li escriva.	....[Zebe]dieu am sos mercenaris anneron apres lui (21) et intreron en Capharnaum, e vengron lo disapte en la sinagoga et ensenhava los. (23) E meravilhavan se sobre la doctrina de lui quar era ensenhatz, e si con aven poestat, e non si con li lur escriva nil Farizieu.
(23) Et era e la sinagoga de lor us hom d'ore esperit, e cridava (24) e dizia : « Qu'es a nos e a tu Jesu de « Nazare ? venguist nos aucire ? Eu « sei que tu es S. de Deu. » (25) E menassec li Jesu e dizia : « Cala te et « eiss del home. » (26) E trebalantz lui l'esperitz ores, e cridava en gran votz et issic de lui. (27) Et meraviladi se so trastoig en aisi que se querclavo entre lor e dizian : « Qui es aiso ? « quinha es aquesta doctrina nova « que en poder manda los esperitz « ores et obezisso lui ? » (28) Et issic rumors novela de lui eissa ora en tota aquela regio de Galilea.	(23) Et era un om avent orre esperit en la sinagoga, e cridet (24) e dis : « O Jesu Nazarieu, cals causa es a tu « ni a nos ? Yeu say que tu sias santz « de Dieu. »(25) E Jesus merce n'ac [2] e dis : « Calla, ieis de lhome. » (26) E l'orres esperit trebalhant lui e cridant am gran vous issi de lui. (27) E m[er]avilheron se tug en ayci ques conpassesso entre lor, dizent : « Quals « cauza es ayso ? cal es aquesta no- « vella doctrina qu'en son poder co- « manda als orres esperitz, e son « obedient a lui ? » (28) E tantost issi li novella per tota la terra de Galilea.

---

1. Ms. *si fon colcat entratz;* mais *colcat* est exponctué.
2. Faute, pour *menasset;* Vulg. « comminatus est ».

La version nouvelle est bien autrement libre d'allures que les autres. Elle ne s'astreint pas à suivre mot par mot le latin, elle vise à être claire et intelligible pour tous, dût-elle çà et là forcer quelque peu le sens. Tous les mots, toutes les locutions sont de bonne langue populaire; les termes littéralement empruntés au latin sont évités. Là où le ms. Peiresc (B. N. fr. 2425) traduit « cum mercenariis » (MARC, I, 20) par *am sos mercenaris*, le fragment du Puget introduit le mot du terroir, *loguadiers*. La phrase peu claire « erat enim docens eos quasi potestatem « habens et non sicut scribæ », qui est rendue mot à mot, c'est-à-dire d'une façon inintelligible, dans les deux autres traductions (*coma si agues poder*, Lyon; *si con aven poestat*, ms. Peiresc), devient ici parfaitement claire et nette, étant interprétée plutôt que traduite, par *car el predicava per la vertut del sant Esperit non pas aissi con los savis de lur ley*. « Spiritus immundus » est certainement plus exactement rendu par *orres esperitz* que par *demoni*, mais la question est de savoir si *orres esperit* présentait un sens bien net à un simple fidèle. Et combien *la soa fama s'escampet per tota Gualilea* est plus véritablement provençal que *issic rumors novela* ou *issi li novella!*

Le caractère de la nouvelle version étant ainsi établi avec évidence, il s'agit de savoir quand et où elle a été composée. Je crois qu'elle n'est pas notablement plus ancienne que le ms., c'est-à-dire que la première moitié du xive siècle. Les règles de la déclinaison ancienne sont visiblement tombées en désuétude. La forme du cas régime s'est substituée à peu près partout à celle du cas sujet : « Et *els* ajosteron si… qu'*els* donessant deniers… Digas *quels sieus discipols* vengron » (MT. XXVIII, 12-3). La forme propre au cas sujet n'est conservée qu'en un petit nombre de cas : *Dieus* (MT. XXVIII, 9), *endemoniatz* (Mc. I, 23); notamment encore dans les adjectifs employés comme atributs, et au singulier : « ell fill de Dieu sera *trahitz* e *levatz* en cros » (MT. XXVI, 2); « Tu que iest *vengutz* » (Mc. I, 24); « cant lo soleilh si fon *entratz* » (Mc. I, 32). — Sans doute on pourrait supposer que ces infractions à la grammaire sont l'œuvre du copiste, mais ce serait là une supposition assez peu probable. La langue n'offre d'ailleurs aucun trait qui indique une époque plus ancienne que celle où vivait le copiste. Admettons comme au moins très vraisemblable que la version a été faite dès l'origine dans la langue populaire.

Où a-t-elle été faite? Selon toute apparence, dans le pays où l'unique fragment qu'on en connaisse a été trouvé, c'est-à-dire dans le Var. La diphtongaison de l'*ŏ* lat. dans *nuech* (MT. XXVIII, 13, *puech*, XXVIII, 16) est un caractère bien général à la vérité, mais qui du moins n'exclut pas la région indiquée. Les 3es personnes du plur. en *an* (parfois *ant*), pour la finale latine *-ant*, appartiennent à la région méridionale de la Provence[1]. On les retrouve aussi plus au nord et plus à l'ouest, mais concurremment avec des caractères qui manquent ici. Notre fragment nous fournit : *aviant*, MT. XXVIII, 15; *yssian*, MC. I, 5, *meravilhavan*, *parlavan*, MC. I, 27, et au plus-que-paif. du subj. *donessant*, MT. XXVIII, 12. Nulle part *-on* en ce cas.

La conservation du *t* final dans *aviant*, *donessant*[2], s'observe dans la région septentrionale de la langue d'oc[3], et se continue dans la région française, mais on trouve surtout aussi le *t* final dans la partie la plus méridionale. Ainsi *siant*, à Montpellier, en 1130, *Cart. des Guillems*, n° LXIX; *yescant* (subj. prés. d'*eissir*) à Marseille, en 1319[4].

Le *d* intervocal persiste dans *adoreron*, MT. XXVIII, 9, 17; *predicatz*, MT. XXVIII, 19; *predicava*, MC. I, 4, 21, 22; mais ces exemples, fournis par des mots d'origine non populaire ne prouvent rien. Il y a du reste *Juzieus*, MT. XXVIII, 15.

Comme dans toute la partie orientale de la langue d'oc l'*n* finale en roman et intervocale en latin se maintient : *capellans*, *ancians*, MT. XXVI, 3, *alcuns*, XXVIII, 11; *fin*, XXVIII, 20; *man*, MC. I, 31; de même les troisièmes pers. du plur. des prétérits, *feron*, *vengron*, *aparelleron*, *aginoilheron*, *adoreron*, *conteron*, etc., la 3e pers. du subj. prés. plur. de la première conjugaison, *an n*, MT. XXVIII, 10, etc. La conservation de l'*n* instable est, comme on voit, plus complète que dans le ms. Peiresc.

Notons en terminant *tostz*, MC. I, 32 pour *totz*. J'ai déjà signalé cette forme dans le Petit Thalamus de Montpellier, *Romania*, XIV, 546. On la retrouve plus anciennement, au

---

1. Voy. ci-dessus, pp 424 et 427.
2. Aussi dans les futurs *veyran*, MT. XXVIII, 10, etc.
3. *Romania*, IX, 203.
4. *Les criées municipales de Marseille au mois de déc. 1319*. Marseille, 1873, p. 2 (n° 12 des *Notes pour servir à l'hist. de Provence*, par V. Lieutaud).

sud de la Lozère, dans un acte du commencement du xiiie siècle, concernant la commanderie de Gap-Francès : « e am *tost* los dreihs » (*Revue des Sociétés savantes*, 6e série, V (1877), 204. Une autre charte de 1230, ayant la même origine, porte *avestz* pour habetis, *ibid*, p. 206. Dans une enquête faite à Castillon du Gard (cant. de Remoulins, arr. d'Uzès) en 1397, on lit *frusts* (f r u c t u s), *ribausts, escusts, vengusts, mandasts*[1]. Un tarif des droits d'entrée dans Avignon, écrit au commencement du xve siècle, et conservé dans un ms. du Musée Calvet à Avignon (fonds Requien), porte *vendustz*, au plur., et d'autres fois *vendutz*.

Aucun des caractères propres à la région du Nord ne se manifeste. De l'ensemble des faits se dégage la conclusion que le fragment du Puget appartient à la partie méridionale de la Provence. Cette conclusion, certaine pour le manuscrit, doit être étendue, selon toute apparence, à la version elle-même.

Paul MEYER.

---

1. Charvet, *Un épisode d'histoire locale* (voy. ci-dessus, p. 428, note 3), pp. 19, 21, 22, 24, 25, 28, 50.